会社はこれからどうなるのか

未来的公司

[日]岩井克人
张永亮 陶小军 译

人民东方出版传媒
People's Oriental Publishing & Media
東方出版社
The Oriental Press

图字：01-2017-7543 号

图书在版编目（CIP）数据

未来的公司/（日）岩井克人 著；张永亮，陶小军 译. —北京：东方出版社，2018. 7
ISBN 978-7-5207-0000-9

Ⅰ. ①未… Ⅱ. ①岩… ②张… ③陶… Ⅲ. ①公司—企业管理—研究
Ⅳ. ①F276. 6

中国版本图书馆 CIP 数据核字（2017）第 311394 号

未来的公司
（WEILAI DE GONGSI）

作　　者：［日］岩井克人
译　　者：张永亮　陶小军
责任编辑：李　烨　袁　园
出　　版：东方出版社
发　　行：人民东方出版传媒有限公司
地　　址：北京市东城区东四十条 113 号
邮　　编：100007
印　　刷：北京楠萍印刷有限公司
版　　次：2018 年 7 月第 1 版
印　　次：2018 年 11 月第 3 次印刷
开　　本：880 毫米×1230 毫米　1/32
印　　张：9. 25
字　　数：180 千字
书　　号：ISBN 978-7-5207-0000-9
定　　价：48. 00 元
发行电话：（010）85924663　85924644　85924641

目　　录

CONTENTS

第5章　日式资本主义与职工

第6章　日式资本主义的起源

第7章 资本主义是什么

第8章 事实标准与核心竞争力

第10章 要不要在公司工作

推荐序一　未来的企业

这些年自己在日本投资了一些企业，在日本产业界、金融界都有些交流，所以，对于日本有一定的了解，也有些感触。东方出版社让我给这本书作序的时候，我也就忐忑不安地接受了。我用了两天时间读完这本书，斗胆提一些看法，算是作序吧。写的不好，多海涵。

这本书的核心是想通过比较日美企业治理结构的差异，构想未来的企业可能的样子，是挺有意思的一本书。日本在第二次世界大战后实现了极为高速的发展，出现了大量非常优秀的企业。这些企业跟西方的企业的模式、理念、管理文化等各方面都仅仅属于组织形式接近，实质理念并不相同，都是另类的存在，但是依然不影响这些企业成长为全球极具影响力的公司。针对日本的经营管理模式的研究和学习，伴随着日本在全球影响力不断增长而备受推崇。20世纪90年代，日本进入失去的十年，而美国企业则不断继续高歌猛进、迅猛发展，日本的企业制度管理渐渐失去光彩，美国企业模式在最近十几年成为国际模板。日式经营管理模式除了在中国还有一些热潮外，在全球都在趋向衰败。这本书其实是一些反思，很多有意思的论断是非常值得学习的。

对日本企业的理解我更喜欢结合时代背景来考虑，我从来认为优秀的人、伟大的企业很大程度是时代的产物，脱离时代单纯研究企业的价值并不大。日本现在普遍的企业治理结构都是从原先家族制的财阀模式转变而来，在这个过程中美国占领军发挥了很大的作用。美国人认为日本军国主义倾向更多来自于经济上控制资源的财阀的欲望的无限膨胀，所以强制性地废除了以家族为核心的财阀控制的企业治理结构模式，完全消灭了个人大股东，换成法人股东。日本法律对法人股东约束很少，所以基本上企业都是法人股东。法人是什么？这本书也做了论述，法人不是个人，法人只是一种很模糊的概念，它无法确权到具体的个人身上。谁是法人，法人是谁？责任和权利的界定模糊，必然导致企业的经营管理层的收益权很难被重视，而且日本的企业法人为主要股东的情况，使得各个企业之间相互持股成为普遍性现象。企业相互持股，出现的结果，就是大家为各自企业的利益形成相互默契的态度，谁也不干涉自己持股企业的经营层的决策行为，最终成就了日本现在的企业价值理念——更多是以经营者和从业者利益为核心的企业治理结构，明显有别于美国的股东主权论的企业治理结构，日本大多公司的股东其实是无法行使股东权力的。经营者脱离了股权所有者的监督与控制。

与此相对的美国，则是一个典型的股东主权论的国家。在美国，股东可以通过董事会控制经营者，如果企业经营效率不高，董事会无法发挥监督者的作用，可通过法律解决这个问题，换成股东喜欢的经营者。美国的所有法律体系都围绕这个核心来设定，美国的这种商业体系，更倾向于用市场自己去解决问题，法律予以保障。所以，从名义上来看，日本和美国同样是股东主权论的国家，但是现实和法律相距甚远，双方是明显走了不同的道路。孰优孰劣？从结果来看，日本的模式曾经在很长的一段时间里是超越了美国的，这也是业内如此之多的人推崇日本模式的关键所在。但是随着日本陷入迷茫，日本的企业也集体陷入了迷茫，作者写本书的时候还没来得及写进日本企业的危机变得更大了，最近几年，日本大型企业几乎都曝出了造假新闻，而且是耸人听闻的造假，持续时间长达二十多年，神钢、日产、三菱、东丽都卷入其中。这些其实一直存在，但是因为日本的治理结构是封闭式的，几乎不对外披露，员工流动性又差，而经营者又无人可以干涉，导致的结果就是经营者群体心知肚明的大胆造假长达二十多年。所谓日式企业的危机早就埋下伏笔，一直存在。但是令人困惑的在于，为什么这种模式的企业能引领日本的大规模发展，讨论这个，就显得特别有意思了。

我做了几个简单的分析，未必全面，可以和大家探讨。最核心的观点，我个人一直觉得治理结构是否先进很大程度上应该看，是否以时代和国情为前提，没有好和不好，只有适合和不适合。日本在战后大面积高速增长的情况下，很难说是因为有了更好的现代企业管理模式，否则就很难解释之后为什么会有失去的十年这个危机，企业管理模式不但没有变化反而被强化，但是日本经济却迷失了。这说明企业治理结构并不是经济发展最核心的原因，日本经济高速增长跟企业治理结构的关系可能并没有想象的那么大，这也可以从中国企业的发展情况推导出来。中国改革开放后，多种经济体系混合并存，国有企业、私有企业、乡镇企业，都取得了极大发展。也就是说，经济在发展，经济主体都能够取得长足的进步，中国现在进入世界五百强的企业也在不断增加，除了乡镇企业退出历史舞台外，其他几种类型的企业都不少。不是好的企业制度推动了国家的经济发展，而是一个国家经济发展会更好地助推企业发展。而企业是否能走得长远，反倒取决于企业治理结构是否完善，这个可能是最好的解释。

再反过来看日本的企业治理结构，会发现日本的企业其实是市场化程度很低的，很多人在说中国非市场化，而从日本企业发展角度来看，它们反而更是非市场化特征明显。日本的企业股东因为相互持股的存在，法人对股东收益的在乎程度并不高，所以日本企业的典型特征是收益率极低。这本书里提到日本企业的IOR率经常性低于5%，而美国的企业如果低于5%，经营管理层立马会被换掉。美国的股东非常现实，不能给我赚钱，就给我换人，资本逼迫企业赚钱。而日本不是，日本不知道股东是谁，而且赚到钱，也不知道把钱分给谁，经营层往往不追求利润、规模。这个过程中，日本企业很多时候会帮助政府去完成一些政府目标。日本政府干预的色彩长期浓厚，与企业有着千丝万缕的关系。政府通过制定产业政策、贸易政策，甚至直接参与企业的管理和经营，而企业去实施和执行政府的任务。在政府和企业的这种关系下，日本企业经营的好坏，往往跟政府的长期战略有着很强的关系。一旦战略出现偏差，政府决策失误，很容易让日本企业陷入危机。这本书前几个章节用大量的篇幅来证明，日本失去的十年是由于政府决策的失误造成的，是有一定的道理的。

另外，在论证日本几十年高速增长的这个逻辑过程中，我有个感觉，日本企业其实是最适合这个时代周期的产物，日本的企业经营模式在工业时代绝对是个非常好的组织结构，大大地助推了日本经济发展。这里的逻辑跟前述内容并不矛盾。任何一个经济体制，理论上在战后的日本都能取得不错的成绩，但是日本的企业共同所有理论却可能是最好的那个，它强化了日本经济发展，反过来经济的发展也让日本企业强化了这个组织体系理论。这个就是时代和个体共振的结果，悲催的点在于，时代一旦过去，共振消失，企业就失去了机会。这两年在日本做投资的一个体会，属于日本的大时代过去了。

我提出过三段论的说法，农业时代、工业时代和互联网时代。时代的特征是不一样的，农业时代，以经验为主。所以，我们学习总是对的，因为时代不发展，经验都是有用的，老人说什么，我们听什么就行了。工业时代，你会发现老人说的话已经没用了，因为时代在缓慢发展。这个时候同代人的经验是有用的。进了工厂，人家做得好，就要向人家学习。到了互联网时代，发展迅猛，向同代人学习也没用了，行业经验积累得充分专业，却突然发现这个行业倒闭了。时代发展越来越快，如果不能快速更新和迭代技能，很容易被抛弃。而且市场越来越往需求的发起端靠近。这个时代，再也不会给你很长的时间慢慢学习、积累经验。必须先起步、再发展，不断迭代。

日本的问题就在于，它是工业时代思维的王者。日本人总是用非常完善的眼光去看待问题，恨不得一眼看到底，把十年后的事物都想到了。他们力求精益求精，大量的时间用在设计和研发阶段。所谓的工匠精神，就是把一个事物做到极致。但是它忽视了时代，快速往前走，压根不需要那么好的东西，再好的东西也很快、很容易被快速飞奔的时代所抛弃。所以，日本就变得很悲催。

我们前些年投过一些机器人。日本的机器人研发应该是最牛的，于是就选择了日本。搞得我特别痛苦，日本工程师研发得非常非常认真，耗时三年。终于等到要上市时，结果却发现中国的华强北早就上市了，已经出了三代这样类似的机器人应用模块，赚了不少的钱。需求是在实践中发现、跟进和迭代的，还以为在实验室里就能够了解，那是闭门造车。日本人的思维方式相对单一，在工业时代这种思维方式是对的，而在互联网时代，很难跟得上时代的发展。

看了这本书以后，我觉得还可以从更多角度去论证这一问题，尤其是从日本共同所有论体系上去理解，也一样能得出这个结论。

日本的企业经营者很大的权力并不来自于股东大会，所以，日本的经营理念更多的是以经营者和从业人员利益为中心的企业观。稻盛和夫说，企业更多应该是员工所有，而不是股东所有。日本企业经营者的潜意识里认为，企业归全体员工所有，自然就要求经营者和员工之间是互相负有责任和义务的，也就是要求经营者对员工负有责任，员工对企业负有忠诚义务。这个跟日本的文化也是契合的。

日本的忠诚文化是根深蒂固的，人的生死观念相对淡薄。日本是世界上自杀率最高的国家，敢死却不敢不忠诚。日本很多人依附家族而生，是家族的附庸，生为家族、死为家族。这种家族制度在幕府时代产生并不断巩固，在德川时代达到顶峰，明治维新之后，依靠《明治民法》，将这种家族式制度推向国民全体，这为日本人的忠诚文化做了铺垫。

这种家族制度是以“家”为核心思想的，不论家庭成员发生什么变化，“家”都要保持其主导地位。“家”的利益高于一切，这便是人们奉行的第一准则。在“家”中，长子具有绝对优先继承权，次子及其他子女作为分家，奉行服从本家的准则、维护本家利益，本家要扶持、帮助分家。久而久之，日本就形成了强有力的家族集团，成员之间关系紧密。“下级”对“上级”的忠诚自然而然地也就形成了。日本的家族道德要求人们知恩、报恩，以尽孝作为回报，实际上是隐晦地强调家长权，让家庭成员心甘情愿地服从家长统治。在家之中，就形成一种永久的恩义关系，本家对分家有永久的恩义，分家对本家有永久的报恩义务。对日本人来说，他们是“历史和社会的负恩者”。

在日本，一个人的孕育、出生、成长、死亡的整个过程，始终被置于集团的规范之中，各种集团活动强化了人们的集团意识，集团成员义无反顾地对家族集团尽忠。个人和家族集团之间联系十分紧密，集团利益与个人利益息息相关，“忠诚”自然会被成员所信仰。

家族式的财阀集团，在二战后被美国人摧毁，取而代之的是企业。家的忠诚替换为对企业的忠诚。“忠诚”从某个意义上讲是相互的，员工对企业忠诚，那么就意味着企业也要对员工负有责任。而且，日本政府也维护这种责任的存在，包括出台相关的法律，不允许企业滥用裁员权力。日本企业员工不敢离职，而企业也一样不敢裁员。所以，这本书第一章节里，日本企业使用所谓重组的词来隐晦地表示裁员，就是生怕背负裁员带来的道义追究。这种相互忠诚的关系，在日本文化中极为重要，既是企业在工业时代上升时期的动力，也是企业在互联网时代下行时期的负担，相辅相成、一体两面。

日本的制造业冠绝全球，制造业是个极度依赖产业工人的行业，对人的要求是特别高的。资产包括实物资产和人力资产，是人力资产，而不是人力资本。这在日本其实是两个概念。拥有成熟的产业工人才是资产，如果不是成熟的产业工人，那不是资产，是负担。工业时代的典型特征是熟练工人的技术应用，而忠诚是最容易培养出熟练工人的商业模式，他不需要思考，只需要反复的训练。在大的框架下，不断往前、熟练奔跑就可以了，任何能培养出熟练工人的治理结构都是好的商业模式。所以，日本这种共同所有论其实是很好地契合了时代的发展，通过忠诚和年功序列建立起了稳定的产业工人序列，拥有广泛成熟工人的企业一定比没有的在市场中更有优势，这是很现实的。在工业时代他们获得了无与伦比的发展，现实的市场竞争中也证明了这个观点——囤积一批具有熟练技能的工人，对企业而言是非常有价值的。它是一种高门槛的核心壁垒，用来有效抵御其他企业的进攻。在这种模式下，企业存活越久，优势自然越明显。日本出现大的制造企业也是经验和门槛叠加的结果。

随着时代的前进，这种模式遇到了极大的挑战，出现了我所说的互联网时代企业不可背负的负担。恩义关系其实是相互的，日本企业不得擅自裁员，无论是法律或者道义都有一定程度的约束。进入了互联网时代，熟练工人不再是企业的资产，很大程度上成了企业的负担。我在微博上说过，互联网时代，世界迭代越来越快，需要你对世界进行充分认知，敏感判断，随时出击。这种情况下，日本企业的大企业病就全部显现了出来，决策效率低，底层员工不思考，中层只会上传下达，而上层对市场不敏感，最终谁都没能对市场做出响应。大企业只能不断通过合并解决短期问题，而中长期战略一直没有得到重视，日本因此进入了迷失时代。有篇文章叫《战略水平太差葬送了日本军队》非常值得大家一看，日本人在战略上长期处于劣势，他们的个人能力、集体主义、风险精神、骁勇悍战，绝对是世界顶级水平，但是再强的个人能力也抵不过战略偏差。日本企业治理结构又进一步限制了企业的自我变革。

大量的员工长期被教育得只会服从不会思考，企业最终是不可能有创新基因的，而且由于等级序列的存在，有真才实干的人熬到了能管事的时候，已经被磨平了棱角。这种体系下的日本企业是不太会进行思维创新的，更谈不上产品创新了。我前面也提到了，现代是迭代的社会，是奔跑中试错的时代，而日本人无论从思维和企业管理中都不允许这种情况发生，所以很难有机会。

而美国企业典型都是股东主权论，这样的体系里，谁都是打工者，谁也可能都是创业者。我对你不负责任也不负义务，愿意跟你玩就跟你玩，不愿意跟你玩就不跟你玩。股东觉得经营层不爽，随时干掉。被干掉的经营层，转身就可以去做自己想做的事情，或者干一件同样的事情，打回来出口气。员工也一样，待得爽就待，待得不爽随时辞职，如果有好的想法不被公司认可，随时走人，拉个投资，自己做老板。资本为什么会投资这样的人？因为美国的体系是股东主权论，我投你钱，我就是主权所有者，我不担心你到时甩了我。这个环境更适合创新文化的产生。所以，日美走了截然不同的道路。

另外，日本企业对员工负有责任和义务，也使得企业一旦需要裁员和减轻负担、增加竞争力的时候，却压根无法操作，它必须负重前行。这种情况使得日本企业只能通过重组的方式，而不能通过裁员来转型。美国的企业没有这个负担，不能赚钱就裁人，随时随地裁，一夜之间裁几千人，很正常。大家好聚好散，各找出路，反而能找到机会。家长制的模式带来的问题就是太依赖家长的能力，如果他迷失了，大家都迷失了。好处是，他找到了方向，所有的人都找到了，可以拼命往前跑。总的来说，在一个变化特别快的年代，越轻的公司一定走得越远，越重的公司越难以前行。

当然，大家对日本有很高的评价，认为日本的发明创造很多。但事实上，只要仔细观察日本的发明，会发现缺乏战略级的发明，更多是一个优化的概念。也就是说，它没有底层的创新和突破，只有在创新应用上的改进和优化。事实上就是熟练工思维，它可以让事物变得更好，但是它发明不了更好的事物。但是大家都知道革命性创新才是一个社会前进的最主要动力和核心。

现实的日本并非没有创新意识和创新精神，但是其“闭门造车”式的创新使得其技术开发与市场脱节，学术界常用“加拉帕戈斯综合征”评价日本的创新失败。加拉帕戈斯是太平洋上的一个群岛，那里的物种独自完成进化，抗击外来物种侵袭的能力低下。大家所传诵的所谓日本“匠人精神”的案例，恰恰是日本故步自封、闭门造车的典型案例，不能简单地说共同所有权论不好，只是我觉得与当下的时代不相适应罢了。

走进21世纪，随着信息时代的到来，日本过去的注重经营者和从业者、又缺乏足够约束的经营治理结构遇到了重大挑战，但是美国的股东主权论是否就更好呢？其实，也一样在遭受重大挑战。这本书提到的安然事件就是美式治理结构弊病的集中体现，在美国如此成熟规范的市场里居然也出现了安然如此重大的事件，使得本书的作者也在否定和怀疑股东主权论的观点。

安然事件，是美国历史上非常典型地反映出经营者和所有者之间矛盾的商业欺诈案例，也正是因为有股东对公司的资本的渴求，使得股东最终会对经营层产生极大的影响，使得经营层不断挑战自己的极限，去追求利润，而利润会使得企业爆发潜能，不断创造盈利。但是，它产生的另外一个负面的结果，就是经营层为了利润，不择手段，甚至造假，最终欺骗股东。从法人治理结构的角度来看，股东对公司是没有控制权的，更多只是监督权，而监督权的实施是滞后的，而且还需要强权维持。也就是说，这种权利的行使需要合理的制度保障。否则，经营层很容易出现欺诈股东的行为，而股东却没有任何办法。大量中小企业投资人深受其害，就是因为缺乏法律的制度保障。

从商业结构来看，经营层和股东之间也存在长期战略和短期战略的不同。管理层更倾向于短期业绩的获得，因为它不是公司的所有者，公司经营得长期的好和坏，跟它关系并不太大。它对未来没有控制权，无法主宰自己的命运，所以，往往会为当期的高利润，而把未来丢失。

而作为公司的所有者，一定倾向于公司持续获得高额利润，如果经营者无法实现就会换掉经营团队。两者之间的背离达到一定的程度，最终也会出现问题，安然事件就是其中一个典型的代表。为了满足股东对利润的渴求，安然的管理层通过造假营利的情况，伪造公司高盈利、高增长，同时又花巨额的资金，买通了相关的利益主体，使得这一事件隐瞒了长达六年之久。这严重影响了美国企业的形象，最终导致了安达信会计师事务所的消失。

怎么看这个观点呢？我觉得世界上没有一种制度是完美的。事实上，股东主权论危机在2003年互联网泡沫的时候也曾被诟病，但是，现实是股东主权论并没有遭受打击，反而继续孕育着伟大的企业。所以，我觉得这个理论未必是最好的，却是最适合当前时代特征的。当然，这不代表它不需要微调和优化。过去股东对公司的控制可以通过控制资产实现，前面说过实物资产和人力资产的存在，哪怕把经营层全部干掉，理论上换一批人还是能维持企业前行的，说不定还会更好，经营层并没有想象中重要。到了互联网时代，这一论断就发生了极大的改变，互联网时代的伟大企业是没有实物资产，也没有人力资产的，只有人力资本。互联网所有的资产，其实只有人，而且只有核心的某个特定的人。股东是很难通过替换公司经营层实现业绩的提升的，确切地说，这个跟共同所有论面临的问题是一致的。因为公司的核心资产不再是物品和人，而更多的是公司实际经营者的个人能力。离开了这些人的智慧和才华，公司再多的物品和员工都无法往前走一步。这也可能是危言耸听，因为还没有特别明显的案例来论证，但是这种担忧的确存在。随着乔布斯的离开，富有创造力的苹果还能持续吗？离开了马云，阿里还能一如既往地高速增长吗？没有了马化腾，腾讯是否会迷失方向？至少在过去十几年的成长来看，可以得出的结论是，没有这些人非凡的才能，就不会有这些企业的现在。资本可能重要，但是更重要的一定是这些人本身的才能。

所有的创业理念，或者所有的公司的发展，都来自于创始人内心那颗激动澎湃的心。他们是公司超强的发动机。一旦把这些人给撵走了，公司可能就会趋于平庸。而公司一旦平庸，股份就变得分文不值。所以，从这个角度上来看，无论是共同所有论还是股东所有论，都面临极大的挑战，股东不再是这些公司的绝对主权所有者，即便名义上是，实际上肯定不是。这就是最大的挑战。现实其实也在这样演变，特别投票人、超级合伙人、AB 股价格都是应对这种挑战所出现的变革性产物，他们随时代而生，随时代而变。好的社会是能自我演变、自我革命的，只有差的社会，才会故步自封，不随时代而变。

最后这本书提到一个观点，变大还是变小？我也特别有感触，我曾在微博里面写过一段话，我把它引用过来，作为这篇序最后一个结论。

我感觉未来的日子里，随着技术不断发展，中等规模公司的日子将会越来越难过，为什么呢？一方面是大公司的规模效应越来越明显，大公司资金规模日益增加，横向扩张能力加强，挤压中等规模公司的生存，会非常明显；另一方面，许多小公司由于经营成本很低，所以反倒能在某领域扎根，活下去，当然，因为规模不大，赚钱效应也不明显，大公司也不太感兴趣，所以会给它们留出生存机会。从这个角度来看，我感觉，未来大多数公司要么就是奋起一搏，把自己做大，避免被淘汰掉；要么就干脆自断手脚，把自己缩小，降到成本足够低、人家看不上、怎么都能活的地步，日子也会过得还不错。除此之外的公司都不容易活下来。这个就是现实，从投资角度来看，也是一样的。要赚大钱是很难的事情，用一个亿赚一个亿不容易，不如一亿拆成1000份，每份十万，用十万赚十万，反倒机会还在增加。做大不如做小，更容易赚钱。未来的企业社会，就是几个超级巨无霸公司的存在，然后加一堆极小公司的业态，大家各自生存，相安无事，偶有冲突，整体和谐。但是如果往前推演到人类社会的未来，可能也是如此，但是却并不美好。未来整体人类社会的福利肯定会大幅度提高，但是人类贫富分化差距会越来越大。极少部分的人群所占有的社会财富会是剩余人群的所有财富之和，这个概率在不断地增大。

未来的企业，未来的人类，走向何方，我们也拭目以待。

江南愤青　陈宇

（江南1535创始人，聚秀资本合伙人）

2018年4月15日

推荐序二
知识经济时代的公司概念

公司是什么？为什么会有公司？公司到底属于谁？

大哉斯问。这是日本经济学家岩井克人的问题，也是其著作《未来的公司》中思考的起点。这些问题从经济学、管理学、政治学、社会学方面尽可以有无尽的讨论，进入这本书之前，不妨回顾一下另外两位大师的探索。

企业、公司与法人

正如艺术家杜尚所言，没有问题就没有答案，反过来说，好的问题往往也意味着解决问题的开始。公司是什么？早在 1937 年，年轻的经济学家科斯（Ronald H. Coase）就提出了这个问题，发表了自己 25 岁就构思的论文《企业的性质》，在此基础上，他不仅获得了诺贝尔经济学奖，还成为制度经济学的奠基人。

科斯问题的起点是，如果市场如以前的经济学家所言，能够有效地配置资源，那么社会上为什么还有企业存在？科斯问题不仅提出企业为什么会存在，也思考了企业规模的决定因素，基于这个问题，他提出了交易成本的概念。

这个问题并没有随着科斯的探索而结束。第二次世界大战还没有结束时，年轻的彼得·德鲁克（Peter Drucker）和科斯一样，从欧洲来到了美国。他应当时通用汽车的邀请去考察，写出了《公司的概念》(*Concept of the Corporation*）一书。这本书让通用的总裁斯隆大为光火，却让德鲁克成为管理学的开创者。在这本书中，德鲁克以通用汽车为模板，思考了公司目标和社会功能的关系，德鲁克认为公司尤其是大公司既是生产型组织，也是社会性组织。

对于当时的主流政治经济学界而言，德鲁克谈论的对象是大型公司，这是他们陌生的，谈论的方式，却又是经济学与政治学甚至社会学方法。这种结合是他们不习惯的，觉得既难以理解又不够严肃。

有意思的是，制度经济学开创者科斯也是商科出身，他和德鲁克可谓来自真实世界的少有学者。科斯提出《企业的性质》当时就很为学界侧目，等到法学出身的德鲁克以组织理论深入公司内部，就更难以被经济学界甚至政治学界认可了。正如德鲁克朋友所预知的，《公司的概念》的出版，毁掉了他作为经济学家和政治学家的职业机会。当然，命运总会奖赏有见识的先行者，这本书也幸运地开创了德鲁克作为管理学科奠基人的职业机会。

科斯所谓的企业（firm）可大可小，德鲁克所谓的公司（corporation）则不仅是股份含义，而且是大公司。对于岩井来说，他的论述则进一步从公司（corporation）延续到法人。

岩井的思考先从“公司”和“企业”的区别开始谈起。他认为企业是以追求利润为目的的经济组织，最古典的企业形态是巷口的蔬菜店或者拉面馆。假设夫妻俩共同经营，那么它就是合营企业，不属于股份公司。无论店铺是否租来的，店铺里面的拉面或者水果蔬菜属于这对夫妻，如果老板娘突然饿了，想吃一个苹果，没人会在意，这些苹果或者拉面，反正都是属于夫妇的“物”。

如果企业再大一些，一人店铺或者夫妻店就开不下去了，就有了各种合作社形式，比如法律合作社，比如农业合作社。如果再演化下去，就会有股份公司之类的形式。和巷口的夫妻店相比较，一家大型连锁超市或者小型连锁便利店，股东是各种各样的“人”，公司资产就是超市内的物质以及各类设备。

二者的区别，看起来是不是只是规模的不同呢？并不是如此，无论连锁超市的股东还是超市的责任人，如果饿了，都不能不付钱拿走超市的物品，否则有可能以盗窃罪被起诉。根本原因就在于股份公司本身就是一个法人实体，股东不是公司资产的持有人。

更深思考，公司（corporation）与法人（legal person）有何区别？从美国的情况来看，corporation 既有公司的含义，也有法人的含义。在如何定义法人方面，岩井通过对比历史与当下，指出法人的存在理由在于简化了合营企业与其他个人或企业的合同关系，甚至法人的历史起源实际上在于简化了城市和寺院等团体与封建领主缔结的合同关系。

古今对比，岩井发现法人算得上“不可思议的存在”，可谓是一个现代社会的巨大矛盾。原因在于，他认为现代市民社会出发点在于“人”与“物”区别，但法人却动摇了这一区别，这事实上也体现了股份公司的公共性，即“法人制度正是为了真正稳定社会的认可所设，无非是国家通过法律形成的制度”。也正因此，法人在本质上是“公共性”的存在，进而可见公司的经营者常说公司是“社会的公器”也合情合理。

日本故事的启示

在深入探索《未来的公司》主题之前，更值得回顾一下本书写作的背景。

《未来的公司》原版最早出版于2003年，当时日本以“失去的十年”为人所知，日本各界也力图找出原因，试图走出经济衰退。当时首相小泉纯一郎与竹中平藏等人推动的改革也是一种努力。竹中等人推动的改革以新自由主义为主要纲领，在海外获得不少赞誉，在保守的日本国内其实面临不少争议。岩井虽然是接受美国新古典训练出身，但是对于美式主导的企业模式仍旧提出不少质疑。

根据我的观察，日本学界战后整体偏左，马克思主义经济学在大学一直拥有不菲地位，同时日本文化也使得道德论在商业实践与分析中尤其突出，典型就是涩泽荣一提出的“义利合一”，他不仅是日本明治时代成功商人，更是被誉为日本企业创办之王。

在这样的环境下，岩井克人有所特别之处。他接受的是正宗新古典训练，在日本环境下，其思考却超越了欧美主流范式的局限，其本人研究也涉及马克思主义经济学以及货币等领域。主流训练出身，思考却能够如此深入，其实也与日本环境有关，毕竟真正的学术始终需要与本土实践结合。

他 1947 年出生，和多数日本经济学家一样受教于东京大学，后来去麻省理工学院求学获得博士学位，期间受教于萨缪尔森，1989 年起任东京大学经济学系教授。出版有《不均衡动力学》(*Disequilibrium Dynamics*)(Yale U. P.)、《威尼斯商人的资本论》、《货币论》、《21 世纪的资本主义论》、《公司属于谁》等著作，获得过日经经济图书文化奖特等奖、三得利学艺奖。

岩井克人的《威尼斯商人的资本论》流传甚广。在前面所谈的涩泽荣一的传记中也曾经引用其理论。涩泽荣一一生希望打破江户时代遗留的“士农工商”阶层区隔，瓦解民与官原本不相往来的局面，推动商业强国。在涩泽荣一写出《论语与算盘》之前，他于 1871 年撰写了一份《立会略则》，根据自己在法国学习经验，为当时日本社会说明会社或者股东公司究竟为何。

涩泽荣一本人始终强调公利与私利的结合。他本人虽然大力推动日本证券、期货交易所的成立，自身却拒绝投机。对此他曾经如此解释，“我和保管别人金钱的银行业有关系，担负着颇为重大的责任。所以如果我参与投机，自然会辜负世间的信任，且无法履行自己的职责。出于此种信念和理由，我虽知此事（投机）确能获得利益，却没有买过一张低价时的铁道债券。自明治六年投身实业界以来，我始终贯彻这种主义。自己回想起来，也觉得此事稍可自夸”。

这种提倡“利义合一”的个人精神日后也成为日本企业界的标榜，某种程度上也带来公司的暧昧性。就涩泽荣一本人来看，他鼓吹商业，却不止一次放弃了追求最大利润的机会。那么，他是不是一个“非理性经济人”？经济学鼻祖亚当·斯密追求自利与以涩泽荣一为代表的日本企业家追求公利是否矛盾？至少在涩泽荣一的传记作者来看，并不矛盾，他的理论就是来自岩井克人的《威尼斯商人的资本论》。

岩井克人的理论认为，真正的市场中，个人对个人利益的“理性”追求不会自发导致市场秩序的形成，除了有“理性”地决定需求和供给的个人，还有一个“非理性”行动的人，“那就是公正无私地根据整个市场的需求和供给的背离，不断调整商品价格的调停人”。涩泽荣一是这样的调停人，而日常生活也可看到类似案例。

比如大家都知道囚徒困境，如果两个被分别关押的嫌疑犯为了两人共同利益，最佳策略就是不招供，但是实际情况下，囚犯为了个人自身利益，理性策略往往会招供对方，而且谁先招供往往好处越多。岩井借助这个案例，说明当囚徒“非理性”地行动时（不招供），两人利益最大。

延续了《威尼斯商人的资本论》的思考，岩井对于新保守主义为代表的资本主义其实颇有反思。他在2011年《中央公论》刊出一篇文章，题目就是《与自由放任主义诀别》，反对“资本主义越纯粹化，其经济效益和稳定性就越高”的主张，表示“资本主义的敌人，其实并不是社会主义，而是自由放任主义”。

延续这些思路，在《未来的公司》中，岩井一方面反对泛道德化的商业思考，另一方面却认为美国式的公司治理模式并不适用于日本，甚至也不完善。

美国模式 vs 日本模式

如今十多年过去了，日本的衰退依旧，即使安倍经济学的努力也显得有所乏力，欧美更是因为2008年的金融危机而元气大伤，如今还挣扎于长期停滞阴影之下。这样的背景下，重新审视

“公司治理”（Corporate Governance）非常有意义。

在日本经济蓬勃向上的时代，终身雇佣、集体决策、执行力强、经理人主导、发动员工积极性等特点纷纷被总结为日式管理的核心甚至日本经济成功诀窍；随着日本经济下行，这些特点逐渐被诟病，而日本公司治理中内部控制严重、依赖主银行制、公司间交叉持股、缺乏最终责任人、缺乏外部监督等现象也重新受到检讨。

然而，仅仅引入欧美公司模式就足够了么？

东芝的案例耐人寻味。日本以制造业立国，东芝可谓日本的标杆大公司，过去东芝产品更是成为品质以及创新的象征。然而，就是这样一家明星公司，在2015年却被暴露出持续多年财务造假，涉及前后三任社长，导致东芝不得不断臂再造。我与日本经济学者谈起此事，他们甚至感叹，对日本制造业甚至经济而言，这一事件可谓近些年最低谷，影响甚至超过丰田回收事件。

讽刺的是，东芝前些年曾因为较早引入外部董事被外界推举为日本公司治理的典范。所谓外部董事或者独立审计，往往也不过是内部派系斗争工具。在日本公司已经初具形式的时候，尚且出现东芝情况，这种情况令伊藤忠商事前会长丹羽宇一郎对《日本新闻》感叹，“感觉日本的公司治理只是建立了制度，没有注入灵魂”。更有甚者，事后更是将板子打向了西化，有观点甚至极端地将东芝的问题引申为学习西方公司治理制度。

值得一提的是，欧美公司治理中道德风险的问题一直没有被完全克服。在日本大公司，日本以社长为首的管理层受人尊重，但是他们的收入并不会与普通员工悬殊太多。欧美 CEO 尤其明星 CEO 的薪酬则令人咋舌，例如根据美国劳工联合会-产业工会联合会（AFL-CIO）发布的 2015 年年度报告显示，标普 500 成分股公司 CEO 的平均薪酬是普通员工的 335 倍。

这种情况在金融危机之后有了变化。过去日本公司治理遭遇批评，如今欧美公司治理也有过滑铁卢，对比最为鲜明的是 2008 年金融危机之后的情况。当时，普通人尚且因为经济衰退遭受意外辞退、收入缩水、房屋没收等问题，如今不少发达国家的中产阶级中位数收入增长尚且没有回到危机之前，华尔街却早已经回归，明星银行家们短暂低调之后又重新回到舞台中心，没有一位高层入狱，至于天价薪酬，更是依旧。

对比日本银行改造中，甚至有银行行长入狱的案例，面对美国的情况，日本银行家对此感到非常不解，甚至追问一位曾经驻扎东京的英国《金融时报》专栏作家，“为何美国银行家没有丝毫类似的难堪之情？为何华尔街巨头们不认为他们应当归还自己的部分财富？”至于日本管理层薪酬过低的特点，在日本内部甚至不少人以此自豪，再度总结为日本管理的优点。

现实比理论更生动，金融危机让昔日公司治理的老师蒙羞，也让日本等追赶的后发国家迷失方向。究竟怎么做才好，究竟什么是正确方式？这种情况之下，阅读岩井克人，正当其时。

公司究竟属于谁

公司不仅过去是国家经济的发展动力，未来也是国家经济的重要黏合剂以及竞争力基础。好公司本身就是国家竞争力的自然体现，而经济体间竞争最后也可能体现为公司之间的竞争。

不同利益诉求之下，如何通过好的制度设计使得总体价值最大化，这将是未来学界业界持续思考的问题。

厘清公司为何而来，更大的问题是公司属于谁？按照美国式的股东主权论，公司毫无争议地只属于股东，但如果以日本式的“公司共同体论”，则意味着公司或者说其一部分，属于公司员工——值得注意的是，日本所谓职员称呼是“社员”，这本身就隐含了员工作为公司一部分的设定，职员本身有无股份并不重要。

这两种模式之间一直存在争论，尤其是20世纪80年代，当时正是日本第一的时代，日本公司的成功一度促使各界重新思考，但是随着日本经济一蹶不振争议逐渐散去。以中国人熟悉的案例来讲，阿里巴巴在漫长上市路上，其创始人马云多次表示“客户第一，员工第二，股东第三”的原则，这事实上与欧美股东第一的原则背离，也引发不少争议。然而，即使阿里巴巴在美国上市之后，马云仍旧表示要坚持这些原则，“我们相信做任何艰难的决定，不管是在过去还是将来，坚持原则才是对各方利益最大的尊重和保护”。

由此可见，这些争论并没有随着时间的流逝而远去，公司究竟属于谁？更进一步，如何衡量公司的成功？从管理角度，管理学创始人德鲁克提出企业作为工业社会功能的一部分，对企业社会责任的认知，以及公司作为工业社会的重要社会功能的认识，早于业界共识几十年。

说起来，这不仅是德鲁克写作《公司的概念》的核心观念，也是他和执掌通用的斯隆等人观念冲突的根源。斯隆认为企业目标应该单纯定位为股东服务，甚至不惜出版一本《我在通用五十年》来提供与德鲁克不同的精神叙述。斯隆的思路，其实是经济学界的主要思路，经济学大师弗里德曼在 70 年代尚且坚持，企业作为一个经济组织，唯一社会责任就是实现利润最大化。这不仅暴露学科观念之间隔阂，也可以看出这一问题背后的冲突。

更重要的是，随着互联网兴起，科技公司地位日尊，人工智能等技术可能引发新的第四次工业革命，对于社会冲击正在全面展开。这并不意味着大公司掌控一切，反而更需要学习如何成为社会公民。大公司不仅在本国内成为重要组成单位，在国际之上也需要懂外交，在互联网等新领域更需要充当规则拟定者。谷歌的不作恶，facebook 打击假新闻，联合利华力推公平贸易材料，商业院重新开始谈道德，其实都不仅仅是公关之举，而是基于长期目标的战略举措，既是为了社会功能，也是为了保全壮大自身。

美式标准的两大问题

岩井先生的反思，其实与弗里德曼和德鲁克的争论密切相关。他感叹，随着日本经济下行，重视公司员工利益的日式资本主义或者说日式公司体系已经沦落到要从这个世界上消逝的命运。但即使如此，他断言美国式将公司视为股东所有的股东主权论绝对不可能成为国际标准。

本书的意义，显然不局限在对于日式经营管理的简单肯定或者美好追忆，而是反思在变化时代，什么形式的公司最为有利。岩井承认，美式管理与日式管理都存在应对新形势的问题。一方面以前日式公司体系其实与全球化、IT 革命和金融革命不能适应，这也正是导致日本公司在衰退之后重组的原因；另一方面，他认为美式股东主权论不可能成为未来公司形态的国际标准，原因既有理论依据，也有现实考量。

首先，岩井试图论证，从法理来看如果法人同时具备“物”与“人”的特点，那么主张公司只属于股东的股东主权论在法理上就有错误。这也是岩井花了很多篇幅解释公司与法人究竟为何的原因，无论日式公司还是美式公司，都不能在法律上先天性地成为公司的标准形态。关于公司治理方面，岩井教授有不少独到研究，2008 年还与德国经济学者罗纳德·道尔有过著名学术争论，有心的读者可以跟进。

其次，从现实来看，岩井认为美式公司治理是基于错误的公司理论而导致本质上的矛盾，譬如著名的安然事件（the Enron Incident）正是这一制度的必然结果。

在岩井写作本书不久前，美国出现了安然事件。安然公司曾名列《财富》杂志“美国500强”的第七名，一度风光无比，不少政商名流都成为该公司座上宾，但该公司却在2001年申请破产，这也成为美国历史上第二大破产案。安然这个名词，从美式公司治理模范沦为造假的典型，甚至使得安达信会计师事务所倒闭。

无论是当时安然造假还是随后金融危机中的道德风险，虽然引发不少对于美式公司治理的讨论，但是股东主权论仍旧是学界业界主流，对此岩井并不认同。

这也和他认为美式股东主权论不可能成为未来公司形态国际标准的第二个根据有关。他认为，随着未来资本主义走向终极形态的后产业资本主义，表面上看起来金钱可以全世界流动，其实也意味着金钱变得不那么重要，随着金钱的统治力量减弱，金钱不得不追寻有利投资机会，而这种情况下，股东价值也越来越低——所谓股东，本身就是向公司提供金钱的人，这些人力量相对变得不那么重要。

这些观点会应验吗？见仁见智，历史尚未终结，未来公司的形态仍旧在形成之中。当下我们确实目睹了从有形资产到知识资产的迁移。随着硅谷独角兽们风生水起，我们不仅看到投资人赚得盆丰钵满，更看到了无数创业者的崛起。未来创业的兴起，看来正在形成新的公司形态，但也有可能是对古典企业形态的回归。

无论古典企业还是现代公司，其实都是现在社会的重要组成部分，这也是文明发展的重要推动力，岩井的观点与科斯、德鲁克相似，指出公司是“一个不可思议的存在”。

某种程度上，岩井是在重新回应弗里德曼与德鲁克的争议。弗里德曼对还是德鲁克对？德鲁克是站在企业内部来看，从管理者思路出发，一个企业很难脱离当地社区而存在，而如今的大公司更是要与不同国家政府打交道；弗里德曼则是站在企业外部来看，企业主与管理层口头说动机如何其实不那么重要，外人也很难考察，如何考验公司绩效？从这个角度考虑，坚持股东第一其实从长期和短期来看有合理性，公司股价表现短期可以不好，但是如果长期股价都不好，这个公司本质不会好到哪里去。更进一步讲，股价表现不仅是一种有效的外部指标（或许是所有指标中最有效的指标），而且意味着社会资源动员能力：无法提供合格的股东回报的企业，很可能也没有创造足够的社会价值，则这类企业不值得占有更多的社会资源。换言之，在可以用于衡量的标准上，只能是股东、员工权益和经理人权益等彼此协调，这些指标短期可能不一致，如果长期来看，成功公司必然谋求一致，否则也无法长期盈利。

公司作为股东、客户、管理层、员工、社会等不同利益相关者的共同体存在，这一点并没有太多争议。问题在于，这不同利益共同体发生利益冲突的时候，公司决策应该如何发生？笔者认为，股东主权论或许武断，但是长期来看可能仍旧有效，但是这种股东主权论，必然需要建立在承认公司公共体的前提之上，否则这样的公司很难成为伟大的公司，也很难立足于当下复杂的环境。

重塑公司，核心在于重新提倡负责任的公司观点，公司自然属于股东的，但是前提是股东承认其他利益相关者的价值与利益。

未来的公司

那么，未来的公司究竟什么样？答案其实并不明确。身处后资本主义时代，岩井看到了知识的兴盛，断言古典时代公司的复兴。

未来的公司可能什么样？岩井多年前的预言倒是与中国万众创业图景类似。他认为，后产业资本主义时代是一个个人能够更容易开办企业的时代，企业有差异性就能够产生利润。他感叹，与欧美各国相比，日本的创业政策过于贫乏，日本经济在后产业资本时代的命运，完全取决于日本的社会今后出现多少敢冒风险、有气魄独自开办公司的个人。

这种判断非常正确，毕竟推动社会经济发展的归根结底是企业家，正如明治时代的经济变迁也离不开涩泽荣一这样的人投身商界。只是十多年过去了，僵化的雇佣体制虽然开始瓦解，但新的人才制度还是没有建立，社会需要更多活力。对于担心雇佣的年轻人或者中年人来说，重新思考自身拥有的资产与出路，其实是新的方向。

事实上，创业并不仅仅是掌握高科技的天才少年的事，国际主流创业群体是中年人，这个年龄段积累了经验、人脉以及资源，创业有更高成功概率。

对于日本社会，这或许也是好事。一方面，中年失业开始增多。随着日本终身雇佣制度的缓慢瓦解，重组以及解雇也在所难免，并波及中老年职工。岩井指出，终身雇佣制和年功序列制都不是法律而是惯例。当然，不可否认，在日本社会文化中，习惯的作用非常强大，但是我们必须记住，这一惯例的起源甚至不是来自日本，只是在日本维持比较久而已。其维持也依赖于人们的预期，一旦人们不再相信，这种制度就会解体，先从中小企业开始，再到大公司。

这种情况，无论主动还是被动，很多年轻人会选择短期打工或者说自由职业。随着昭和时代落幕似乎很多人的野心消耗殆尽，“穷忙族”“下流社会”“草食族”“乐活族”“第四消费时代”等名词你来我往，即使当年主掌改革大旗的竹中平藏，在交流中也对读者感叹，日本“太舒服而没法改变”。

问题在于，对于最精英的年轻人，譬如东京大学的学生，他们如何选择？如果还是继续公务员或者大公司这种单一选择，对于打破日本社会的沉闷并没有帮助。

《未来的公司》诞生以来，世界面目全非，日本衰退依旧，倒是衬托出本书思考的可贵。一方面，涉及金融危机中爆发的欧美道德风险问题；另一方面，不仅日本问题待解，书中所谈问题，也是中国企业无法回避的，尤其国企改革之类的老大难问题。

我一直觉得日本是中国最好的镜子，但是国内对于日本经验的总结始终存在误区。以今日中国经济来看，其实和日本当年日本第一时代很类似，泡沫的经验教训并没有远去。目前国内对于日本的自满情绪并不可取，盲目乐观往往导致可怕的结果，除了认为“这次不一样”，还会认为“我们不一样”。

关于日本泡沫经济下滑，与日本文化关系问题，具体到日式公司治理，人们说了很多，但是日本危机的根源更可能在于资产回报率的持续下滑，这与错误的投资决策、盲目的管理、无法出清僵尸企业显然有关系，而这并不仅仅是日本问题，也是世界性问题，只是程度不一而已。对中国而言，未来出清僵尸企业的时候，如何照顾员工感受以及保证纳税人权益甚至社会稳定等，显然需要借鉴日本经验。

时代在变化，知识经济时代的公司形态也在变化，一些基本原则不会，这也是《未来的公司》值得一读的价值吧。

本文写作参考《公司的概念》《企业的性质》《日本商业之父涩泽荣一传》等著作论文，参考文献从略。

徐瑾

（FT 中文网首席财经评论员，东京大学访问学者，

经济人读书会创始人）

2018 年 3 月 5 日

致平凡社文库版之前序

20世纪80年代是日本经济的时代，被誉为“JAPAN AS NUMBER ONE”（日本第一），甚至有人说日式公司才应该是世界的榜样。但是，随着泡沫经济的崩溃，事态在悄然发生变化，日本经济已然进入了“迷失的10年”——从世界的榜样沦为了反面教材。与之相比，20世纪90年代则是美国经济的时代。在全球化的浪潮中，由于IT革命和金融革命的推进，美国经济取得了前所未有的飞速发展，以美式公司为旗帜的“股东主权论”，确立了自己作为世界一切资本主义倾心向往的“国际标准”的地位。

本书的单行本出版于2003年2月，正值日本经济好不容易从“迷失的10年”中走出来的时期。美国股票市场曾经因为已经到来的由IT产业引领的“新经济”而狂热，但是它却在2001年急速暴跌，“IT热”也不知道从什么时候起被改称为了“互联网泡沫”。同年3月，曾经作为“股东主权论”式公司治理一大成功案例的能源巨头安然公司，由于大规模假决算丑闻的暴露而破产，人们对美式公司的信赖开始动摇。但是，很多就职于日本公司的男女职工，以及很多今后想就职于日本公司的学生，对“迷失的10年”的日本经济依然记忆犹新、深感不安，不知道公司未来会走向何方。为了稍微消减他们的这种不安，我在本书中从理论和历史两个方面，论证了美式股东主权论未必会成为未来公司形态的国际标准。

股东主权论主张，公司只属于股东，把公司和企业混为一谈。这在法理上原本就是个错误。公司不是一般企业，而是“法人”化的企业。我从这一事实出发指出：重视公司组织本身发展和存续的日式公司，其形态并没有脱离公司法的框架，而美式公司一般都是最先考虑股东利益。针对这一点，从目前的经济学和法学角度考虑，日式公司是唯一能够与之并驾齐驱的存在。

和大多数人的实际感受相反，我进一步论述道：在21世纪的资本主义中，金钱的统治能力正在大幅度减弱。因为现在所有的发达资本主义国家，正在从产业资本主义朝着后产业资本主义发生着结构性的变化。这意味着，利润的源泉从用金钱可以购买的机械类工厂正朝着用金钱购买不到的人们头脑中的知识和能力急速转变。这自然会相对降低公司中提供金钱的股东的地位。

2009年8月12日，在我写这篇文库版前序的时候，世界正处于“百年一遇”的全球经济危机之中。以美国住房市场中的次级贷款问题为发端的金融市场，其中的泡沫经济崩溃了，并通过金融交易的全球化瞬间扩大到了全世界，特别是以大型证券公司雷曼兄弟在2008年9月15日宣布破产为契机，世界经济整体上遭受到了有史以来最大规模的信用紧缩。这也让美国的实体经济开始急剧紧缩。在商品和劳务行业的全球化背景下，全世界再次遭受到了20世纪30年代经济大萧条以来最大的危机（但是，针对这次危机，如果日本政府和日本央行能够强烈认识到机动性财政措施和货币宽松政策以及各国之间的政策协调的必要性，就很有可能会躲过30年代那样的惨剧）。

这次危机的根源就是美国经济，并且发端于以股东利益最大化为唯一行为原理的美国金融市场的泡沫经济及其崩溃。这从根底上摧毁了人们对美式公司形态的信赖（美式公司受到互联网泡沫破裂和安然事件的影响，已经岌岌可危）。“公司只属于股东的股东主权论”这一在理论上矛盾的基本命题，没想到在现实中也得到了证实。而且，很多人指出，在导致这次危机的住房市场和金融市场中的经济泡沫背后，存在着世界性的资金过剩现象（流动性过剩）。这也确实证实了本书的另一个基本命题：在后产业资本主义中，金钱的统治能力在相对减弱。可以说，这个全球性的经济危机，戏剧性地拉开了导致公司在股东主权论方面衰落的后产业资本主义的帷幕。

那么，这是不是意味着风靡20世纪80年代的日式公司就此复活了呢？

针对这个问题，我的答案是，日本的公司“可以不变”就是“必须改变”。这乍看起来很矛盾。

为什么说“可以不变”？因为日本的很多公司在以往的历史

中，一直与股东主权论保持着距离，与经济学上的主流观点相违背，具有与后产业资本主义这一新时代相融合的特点。

为什么说“必须改变”？因为在后产业资本主义时代掌握公司的命运，并不像曾经的产业资本主义时代那样，把“人的组织”设计成机械类工厂的配角，而是把它培养成主角，能够让其中的员工、技术人员和经营者独自、率先并且持续不断地开发出新的产品、技术和市场来。

当然，大家都知道任何答案都不会尽如人意。这两个答案未必相互矛盾，为了让大家理解其中的原因以及各自的根据，还希望读者花些时间翻翻这本书，此外别无他法。

本书2003年发行的单行本，记述了当时的时代状况。第1章题为《为什么日本的公司现在要重组?》，是我精挑细选出来的。在出版平凡社文库版的时候，除了与之后修订的法律相关的文章之外，内容完全没有修改。因为大多社会科学方面的书都是如此，本书也是为了回答时代所提出的问题而写成的。如果问题发生变化，回答也要变化，或者至少回答的方式要变化。为了告诉大家我为什么必须要写这本书，本书尽量忠实地保留了写书时的时代状况。

本书的内容完全没有修改，还有一个本质性的理由。因为这基本上是一本“理论书”。虽然这么说，但是这本书并没有一味地罗列数学公式，并且脱离了现实中变化万千的经济现象，不再鼓吹日式公司是“NUMBER ONE”，或者宣称美式公司是“国际标准”，也不站在像钟摆一样摇摆不定的媒体和学界的风口浪尖上，而是在稍微超越这些因素的视角下，选出隐藏在这些想象和浪潮背后的基本原理，尽可能统一地展示出其中的内涵。针对这一点，我从来没有改变过立场。令我吃惊的是，自单行本出版以来，在全球经济危机环境下接连发生的经济事件，好像正在印证本书提出的基本原理。可以说现实越来越接近理论了。为了让读者体验到这些，本书特意保留了出版单行本时的原貌。

2009 年 8 月 12 日

前　言

日本经济现在陷入了前所未有的低迷状态。20 世纪的最后 10 年已经变成了“迷失的 10 年”，进入 21 世纪后，也完全看不到复苏的征兆。从 20 世纪 70 年代末到 80 年代，日本曾经被誉为“JAPAN AS NUMBER ONE”，现在看来恍若隔世泡影。

在这种经济低迷状态下，日本的公司正进行着全面“重组”。当然，也有很多公司在逆境中绝地反击，实现了飞速发展。但是，还有更多日本公司深受业绩不佳之苦，已经开始染指曾经被列为禁区的终身雇佣制。就在前几天，我还看到电车的把手广告上在大肆宣传“悄然到来的重组”等杂志专题报道。报道上说，重组的对象已然不只是中老年职工，甚至扩大到了二三十岁的年轻职工身上。

现在，很多男女职工会对自己就职公司的未来深感不安，并且很多即将步入社会的学生也会对自己将要就职公司的未来深感不安。

当然，日本经济现在的低迷，是由巨大的需求不足引起的。并且，这种需求不足的直接契机就是地价和股价泡沫的崩溃。在泡沫经济时代热衷于投机的家庭投资和企业巨额负债的巨大比例，形成了偿还困难的不良债权。这一沉重包袱使消费需求和投资需求都受到了重创；并且施政当局在政策上的失误进一步恶化了事态。日本政府和日本央行全都贻误了机动性施行财政政策和金融政策的良机。人们对施政当局统治能力的不信任感，进一步打消了他们消费和投资的积极性。

但是，如果把日本经济现在的低迷，全都归因于泡沫经济崩溃的后遗症和施政当局的失误这些短期的缘由，那么人们的不安感也不会强烈到如此程度。实体经济的繁荣引起了地价和股价的泡沫，地价和股价的泡沫崩溃又让实体经济身陷囹圄。这实际上只不过是过去反复上演的景气循环的常态罢了。20 世纪 80 年代日本经济的泡沫之大，令世界震惊。但是追溯资本主义的历史就会发现，与之匹敌的泡沫经济数不胜数。20 世纪 90 年代日本政府和日本银行①的混乱局面（也包括我们这些经济学家的混乱局面）的确成为世界的笑柄，但是，同样追溯资本主义的历史也会发现，的确存在很多无能透顶的施政当局（也包括无能透顶的学者们）。不过，景气是循环的，即使是日本，也总有一天会产生出处理不良债权、再度解救经济于水火之中的有效需求②。但是，

① 日本银行：Bank of Japan，日本的中央银行。

② 有效需求：是指预期可给雇主（企业）带来最大利润量的社会总需求，亦即与社会总供给相等，从而处于均衡状态的社会总需求。它包括消费需求（消费支出）和投资需求（投资支出），决定社会就业量和国民收入的大小。

目前只有神才知道它到底什么时候到来。

现在很多人会感到不可名状的不安，这是因为他们觉得，日本经济现在的低迷状态是因为它长期以来处于不断变化的潮流之中，已经无法还原到单纯的景气循环的局势中来。

这一潮流就是资本主义的“全球化”，更是全球化背景下涌向日本的“IT 革命”和“金融革命”。并且，这个“全球化”浪潮的起点在美国，这进一步加深了人们的不安。

20 世纪 80 年代，无论是日本还是海外，无论是学会还是大众传媒，都在频繁发问：“公司属于谁？”一个原因是受到日本式公司体系“成功”的刺激，另一个原因是受到追究公司社会性责任的市民运动热潮的影响。美国式的股东主权论主张公司只属于股东，而日本式的“公司共同体论”则主张公司（至少公司的一部分）也应属于公司员工，这两者之间引起了巨大的争论。

进入 20 世纪 90 年代不久，这个争论看似已经荡然无存。撇开经历过“迷失的 10 年”的日本经济不谈，在全世界率先推进 IT 革命和金融革命方面取得成功的美国经济，迈进了持续 10 年以上前所未有的繁荣阶段。所以，人们好像已经不可能再对公司只属于股东的美国式股东主权论的优越性产生怀疑。很多曾经得意扬扬地诉说日本式经营优越性的经济学家和大众传媒，不知道从什么时候起，也已经开始热情地歌颂起美式股东主权论所取得的巨大胜利来。

在以美国为发祥地的全球化巨大浪潮中，美式股东主权论看起来已经确立了作为“国际标准”的地位。注重公司员工利益的日式资本主义、日式公司体系，已经沦落到要从这个世界上消逝的命运。很多在日本公司工作的男女职工以及很多正要去日本公司工作的学生，自然带有极度的不安。

但是我在这本题为《未来的公司》的书中则主张，把公司视为股东所有的股东主权论绝对不可能成为国际标准。

这不是对过去美好的日本式经营的缅怀。我倒是更想在这本书中反复指出，以前的日式公司体系已经与全球化、IT 革命和金融革命不相匹配了，至少一部分现在正在进行的“重组”，正是由这种不相匹配引起的，这的确是不争的事实。

尽管如此，我还是要在这里表示，美式股东主权论不可能成为未来公司形态的国际标准。其根据有两点：

第一，主张公司只属于股东的股东主权论，在法理上有错误。

本书的前半部分首先基于我自身最近的研究，尽可能通俗易懂地解释“公司是什么”。我并不打算在这一部分网罗全部《公司法》，而应该只是带有“《公司法》指南”的色彩而已。

我首先声明，像连锁超市那样的股份公司是一个“法人”，其在法律上的构造与街边蔬菜店等古典企业有着本质的不同。我还想表明，在股份公司的制度中引进复杂的机制，不仅让股东主权式的公司，就连公司共同体式的公司，甚至是更加风格迥异的公司都成为可能。至少在法律上不能先天性地决定美式公司、日式公司，甚至其他类型的公司中的哪一种才是公司的标准形态。同时我还希望很多在公司工作的人知道，在现代资本主义中给这些人提供工作的公司，的确是一个不可思议的存在。

2001 年 12 月，美国的安然公司倒闭了。安然公司是被称为美式公司治理模范案例的大型能源商社。该公司的倒闭源于经营者大规模的假决算，并且经营者在其不正当行为公布于众之前，一直在劝诱公司员工把各自的养老金投到公司的股票中，而却在倒闭之前巧妙变卖了自己的公司股票期权。从此以后，除了安然公司之外，其他有名公司的假决算丑闻一个接着一个地暴露出来，人们一下子对正在确立国际标准地位的美式公司体系丧失了信赖。美国的股票市场开始动摇，持续 10 年以上高速增长的美国经济最终跌入了低谷。

美式公司治理是基于错误的公司理论而导致本质上的矛盾，安然事件正是这一制度的必然结果。

尽管发生了安然事件，但是的确还有很多经济学家、决策者和大众传媒认为，长期来看股东主权式的公司依然是主流。因为他们认为，公司制度即使在理论上存在股东主权式公司结构和共同体式公司结构的可能性，但是从现实情况来看，之前引领 IT 革命、金融革命和全球化的美式公司才是最符合 21 世纪资本主义的公司类型。

我说过，美式股东主权论不可能成为未来公司形态的国际标准，第二个根据在于 21 世纪的资本主义时期会越来越丧失金钱

(资金）的重要性。我要论述的是，所谓股东是指最终向公司提供金钱（资金）的人，这些提供金钱的人的力量在未来公司的较量中会越来越势单力薄。在这个意义上来说，拥抱未来、繁荣发展的公司未必是股东主权式公司。

“金钱会变得不重要”，这句话的确会让人觉得是在唱反调。因为从常识上来看，资本主义的全球化被视为金钱的统治规模已经遍及全世界。实际上，1997 年夏天爆发于泰国，并迅速波及全世界的亚洲金融危机，就是由金钱可以在全世界自由流动引起的。

但是，金钱可以在全世界自由流动并不是因为金钱的统治能力增强了；相反，我倒是想说，这是金钱的重要性在减弱的结果。正是因为金钱的统治能力在减弱，金钱就不得不去追寻仅存的有利投资方而在全世界四处流动。

为了说明这一点，我在本书的后半部分尝试讲解“资本主义”。其中我认为，目前无论是日本还是世界，把大多数人卷进来而裹挟前行的全球化、IT 革命以及金融革命，都只不过是发达国家的资本主义从产业资本主义转换到后产业资本主义的巨大历史变迁中的三个侧面。并且，我还要尽可能简洁地论述，在可以视为资本主义终极形态的后产业资本主义中，金钱为什么会丧失掉自己的重要性。

那么，在即将到来的后产业资本主义中，“公司到底会变成什么样？”

对于这个问题，本书并没有准备现成的答案，也不可能有现成的答案。现实中的公司千差万别，实际上，在未来的后产业资本主义时代，各家公司如果不是千差万别，是不可能生存下去的。我想从这个观点出发，在本书的最后，针对后产业资本主义中的公司形态和这种公司中工作方式，陈述几个我自己的想法。

我本身是一个生活在象牙塔里的学者，从来没有在公司工作过。我唯一能做的，是站在离现实稍远的地方，长期以结构性视角观察它们。我不知道这本书到底能在多大程度上消除现实中已经在日本公司工作以及将要在日本公司工作的各位的不安。但是，不安往往来自于无知，本书如果能成为思考未来公司形态的线索之一，则荣幸之至。

第 1 章

为什么日本的公司现在要重组？

“重组”与“解雇”

“重组（リストラ）”这一词语在日本被当作“解雇”的含义使用。它是日文“リストラクチャリング”的省略，英语书写为restructuring，有重新（re）构建（structure）的意思，即大肆改造面临困难的公司组织，使之华丽转身、再次盈利。但是在大多数情况下，它只是缩小或者关闭公司内不合算的部门，结果导致一部分公司员工被解雇的方法。

无论在哪个国家，只要经营者不是极其变态的虐待狂，都不愿意解雇员工。特别是在标榜终身雇佣制的日本公司，“解雇”这个词的确是禁忌。日本是言灵信仰①之国，于是日本的经营者在必须要裁减人员的时候，想起使用“重组”这个稍微带有积极效果的词来代替“解雇”。现在如果说你成了重组的对象，那就意味着要毫无理由地从公司被迫离职了。

那么，“重组”这个词现在在日本为什么备受热议呢？

当然，对这个问题的第一个回答是因为日本经济正处于前所未有的停滞状态中。

---

① 言灵信仰：古代日本人认为语言中存在着神灵，具有神奇的力量，这种力量能让语言要表达的内容得以实现。

日本经济"迷失的 10+α 年"

日本经济现在陷入了惨不忍睹的低迷状态。20 世纪 80 年代，人们常说"JAPAN AS NUMBER ONE"，整个日本都得意扬扬，现在看来恍若隔世泡影。80 年代后半叶，房地产市场和股票市场陷入"泡沫"状态，地价和股价疯狂上涨。日本的地价总额膨胀到美国地价总额的 3 倍，日本的股价总额也膨胀到了与美国股价总额相匹敌的水准。日本曾经大放厥词说，可以买下 3 个美国，很多愚蠢的日本人粉墨登场。1989 年这一年，得意忘形的日本经济达到了顶点。

但是，泡沫经济很快就崩溃了。进入 1990 年，股价开始下滑，不久后，地价也开始走下坡路。并且在同年 3 月，旧大藏省（现在的财务省）发出了所谓的总量控制的通告，如穷追猛打一般，把面向房地产的贷款增长控制在总贷款增长趋势之下。另外，日本银行从 1987 年到 1988 年 5 次下调官方利率来刺激泡沫经济，并在之后的 1989 年到 1990 年又 5 次上调官方利率。这两者都人为地加速了泡沫经济的崩溃，犹如沉入无底深渊一般，致使日本的股价和地价急速下滑。

日本经济泡沫破裂 10 年来，美国经济以年均 5%的速度在增长，而日本经济的增长率只不过是 1%，并且之后一直处于低迷状态。从1950年到1990年，美国经济的平均增长率是3%，而日本则是6%。有记录显示，日本在20世纪60年代经济高速增长时期的增长率超过10%。90年代以后，日本和美国的经济增长率确实是惊天大逆转，并且，日本在长期经济停滞状态下，很多人失业。2001年12月，日本的失业率达到5.6%，是战后以来的最差水平，之后还在持续上涨。1970年到1990年的平均失业率大约是2%，所以5.6%这个数字对日本经济来说可谓天文数字了。

对日本经济来说，20世纪90年代的确是“迷失的10年”，不仅如此，进入2000年以来，美国股票市场的泡沫也开始破裂，特别是2001年年末的安然事件以来，美国经济开始经历滑坡，受此影响，有证据显示，日本经济在21世纪的前10年也持续“迷失”了好久。

政策失误导致经济低迷

不用说，日本经济低迷的直接原因自然是泡沫经济的崩溃。

土地价格和股票价格暴跌，使人们持有的资产价值大幅缩水。由此，以前畅销的奢侈品，完全卖不动，消费需求也开始停滞下来。

不仅如此，经济泡沫还指，靠投机所得的土地和股票价格的疯狂上涨。在经济泡沫时期，很多购买土地的个人和公司，并不是拿来自己用，而是将土地以更高的价格卖给其他个人或公司。因为谁都认为价格会继续上涨，所以大家都来买。这样一来，实际的价格越来越高，从而进一步煽动了人们对更高价格的期待。

但是，泡沫毕竟是“泡沫”，所以一定会破裂。当很多个人和公司开始预测土地价格不会再涨的时候，大家就不会再抱着升值的目的购买土地了。没有人买，实际价格就会下降，于是人们对价格会继续下降的预期进一步加强，而以高价购买土地的个人和公司，却已经抛售不出去了。

并且，在经济泡沫最严重的时期，银行像是在煽动投机似的不断放贷，所以很多个人和公司借巨资购买了土地。他们本来就不是把土地买来自己用的，所以也就想不出使用土地获得高额回报的生财之道。土地就这样被“腌”起来封存搁置了。当然，购买这些土地所需的银行贷款，别说本金，就连利息都还不上；而对于在放贷一方的银行来说，这些贷款就变成了“不良债权”。

不言而喻，拥有被搁置的土地却偿还不了贷款的个人和公司不得不大幅削减消费和投资。最糟糕的情况是个人破产、公司倒闭。

此外，存在大量“不良债权”的银行，回收不了资金，自然也就丧失了再次贷款给他人的能力。这样一来，困于短期资金周转的公司即使向银行申请贷款，也会被拒绝，除倒闭之外别无他法。另外，真正有前途且有长期规划的公司只要有一点风险，即使向银行申请借款，银行也不会轻易同意。这就是所谓的“惜贷”现象。结果导致投资需求进一步大幅降温。

由于消费需求和投资需求的急剧减退，日本经济犹如深陷沼泽一般，甚是萧条。

更不幸的是，还有政策的失误在后面穷追猛打。例如，1996年12月，日本政府在处理住宅金融专业公司（简称“住专”）不良债权的时候，以不透明的形式注入了公用资金，遭到了舆论的严厉指责。之后，作为日本金融系统中枢的银行在处理不良债权方面，哪怕是进行必要的公用资金投入，也显得犹豫不决、拖拖拉拉，这进一步恶化了不良债权的问题。

另外，1997年4月，第二次桥本内阁在重建财政的旗帜下，进行了以提高消费税为主的紧急财政紧缩，拦腰斩断了好不容易有所抬头的经济势头。结果，从1997年秋天到1998年冬天，三洋证券、北海道拓殖银行、山一证券、日本长期信用银行相继倒闭。之后，日本政府以不景气导致的财源短缺为由，没有从财政方面采取有效的景气政策。

在金融政策方面也是如此。1991年以后，政府再次下调官方利率，但是政策往往是落后一步而陷于被动。这其中的原因之一在于，日本政府没有清楚地认识到，提高生产能力和激化竞争导致的商品和劳务的相对价格下滑，与有效需求不足导致的整个宏观经济的名义价格下滑（即通货紧缩）存在根本性的区别，同时又没有对通货紧缩抱有足够的戒备心。

通货紧缩增加了贷款（债务）的实际额度，也加重了借款方的负担。这的确有利于贷款方，但是却于事无补。为什么？因为借款方基本上都是想支出资金的企业和个人，是主动方，而贷款方则是不想立刻支出资金的企业和个人，处于被动地位。通货紧缩剥夺了经济活动中理应活跃的企业和个人的活力，整体上抑制了支出欲望。这使得有效需求更加受挫，也进一步促使通货紧缩，使经济陷入了恶性循环。在这个意义上来说，并不存在“良性的通货紧缩”，也就是说，通货紧缩总是不好的。

加之金融当局搞不清一个基本事实：企业的设备投资和家庭经济中的住宅投资不是依赖于名义利率的水准，而是依赖于从名义利率中扣除掉通货膨胀率后的实际利率的水准。当出现通货紧缩倾向的时候，如果不在通货紧缩之前下调官方利率，那么实际利率就不会下降。只有充分刺激经济繁荣，通货紧缩转变成通货膨胀，才有提高官方利率的余地。相反，只是一个劲地实行通货紧缩，是不会降低官方利率的。结果，1999 年 2 月，(取代官方利率而成为利率诱导目标的）翌日清偿的贷款市场的名义利率事实上为零。通货紧缩的倾向依然没有消除，实际利率大幅盈余，所以这时候无论怎么量化宽松，都不能实现真正意义上的金融缓和。尽管如此，金融当局依然继续把名义利率为零的状态视为“异常情况”。于是，2000 年在经济稍微转好的时候，就马上解除了零利率，这就拦腰斩断了经济上扬的趋势。之后，虽然又回到了零利率，但是只要不和促使人们对通货膨胀的预测的政策配合，那么它实质上只会带来抑制经济上扬的效果。

在这种半人为性的长期不景气中，很多日本公司的收益率大幅下降，于是就以“重组”的名义开始裁减人员。

但是，这里会发生“合成谬误”。所谓合成谬误是指在每一个个人、每一家公司看来合理的决策，当所有个人和公司同时施行时，却在整体上出现违背各自意图的结果。即使把宏观决策原原本本地叠加起来，也不能解释宏观现象。

各个公司为了增加自己的利益，会进行重组，但结果却是失业人员开始增加。另外，分包商也开始倒闭，这进一步导致与之直接或间接相关的很多企业经营不下去。于是，这些公司从银行获得的贷款越来越趋向“不良债权”。并且，在通货紧缩的状况下，即使什么都不做，不良债权的实际承担额度也会持续增加。

当然，或许存在几个“重组”后有效果、开始盈利的公司，像在卡洛斯·戈恩（Carlos Ghosn）总裁的带领下大刀阔斧进行改革的日产公司（日产公司之后长期为这次重组的后遗症而感到苦恼）。但是，纵观日本公司的全貌就会发现，由于消费需求和投资需求的下滑，必然导致平均收益率下滑。这会进一步导致新的“重组”，进一步增加新一轮的失业人数和不良债权。

实际上，这正是经济“萧条”的基本构造。很多情况下，经济是其中的所有参与人互相帮助的关系，个人的命运并非都只是个人责任。各个公司想提高自身利益的动向，结果会降低所有公司整体的利益，这就是“合成谬误”，它正是经济“萧条”本身。

“重组”是经济萧条的结果，同时也是经济萧条的原因。

三个主要结构性原因

只靠上述那些还不能解释最近日本的公司为什么急着重组。

在陷入长期停滞状态下的现在，日本公司的收益率的确低得可怜。例如，1990年以后上市公司的ROE（净资产收益率=扣除税款后的收益÷股东资产）低至5%以下，进入21世纪以来甚至下降到接近于零。无论与20世纪七八十年代相比，还是与60年代相比，都是相当低的。不过重要的是，90年代以后自不必说，就是在之前的80年代和70年代，乃至经济高速增长的60年代，日本公司的收益率都几乎一以贯之地比欧美的公司低。例如美国的标准普尔的500家公司，其ROE在IT泡沫最严重的90年代末都大大超过了20%。要知道，在这之前很少出现冲破10%的情况。

日本一直以来都是收益率低的国家。

更重要的是，日本的经营者在这之前几乎不曾认识到日本公司的收益率相对较低这一事实。据说在美国，如果公司的ROE低于10%，经营者基本上会主动请辞。但是在日本，报纸和杂志等大众传媒也没有把这一事实当回事。在由经济泡沫引起资产价值大幅上涨的日本公司四处抢购美国房地产和股票的80年代，日本的收益率之低，被外国非议成是日本想称霸世界的阴谋，但是在日本国内却没有被当回事。

进入20世纪90年代以后，日本的很多经营者才突然意识到日本公司的收益率低这一事实，并且，这种认识也扩大到了大众传媒那里。而现在，杂志上随处可见“高收益经营”这样的字眼，报纸上还刊登了ROE的排名情况。

在这个背景下，很明显有着结构性的原因。我们因此有必要从稍微长远的视角来考虑这个问题。不仅要着眼于短期的景气停滞带来的影响（虽然这么说，但是已经停滞了10年以上），还要把视野扩大到围绕日本经济环境的结构性变化进行讨论。

实际上，日本经济现在正处于巨大的结构性变化之中，即“全球化”“IT革命”和“金融革命”。这三个变化形成了日本公司不得不重组的结构性原因。

全球化

全球化基本上在国与国、地区与地区、城市与城市之间，促使了商品和劳务的自由流动。

由20世纪60年代的GATT（关税及贸易总协定）和20世纪90年代的WTO（世界贸易组织）主导的数次多国间的谈判，大幅降低了各国的关税率，极大地缓和了非关税壁垒。结果，全世界正在形成一个统一的全球化市场。全世界生产的商品可以在整个世界进行买卖。对于获得足够利益的消费者来说，实属幸运。在全世界的任何角落，可以购买到世界任何地方生产的商品。全世界的消费者可以拿到相同的消费单。但是，对于没有获得足够利益的消费者，特别是发展中国家的消费者来说，知道别人或者发达国家人们的富裕后，反而会引起相比之下的贫困感。

但是对于生产者来说，则另当别论。因为全球化意味着，之前被国界线分割开来的各国生产者突然间就必须要投身于全球化市场，并展开激烈的相互竞争。这会产生胜败赢输。

胜利者分为两类。一类是全球化企业，赘言之，是指拥有世界最先进技术的企业和能给全世界的消费者提供满意的产品的企业。在竞争中取胜，就能抓住全世界的市场，所以它的回报真的很大。当然，美国目前在很多科学技术领域都跑在前面，而且，众所周知，以英语为主的美国文化带有某种特权，已经渗透到了全世界，美国企业占据了全球化企业的大多数席位。

另一类胜利者是拥有低廉劳动力的发展中国家。之前，低薪水国家尽管有生产成本低的优势，但是由于国民收入低，即使生产了商品也找不到足够的市场。全球化给了这些国家机会，它们可以以较低的生产成本为武器进军全球化市场。然而，一般情况下，发展中国家缺乏资金，实际上真正享受低薪水带来的较低生产成本优势的，是把大量资金投入到这些国家的发达资本主义国家的企业。

而失败者则是以前受到国界线保护的很多地方性企业。这些企业必须一方面与技术尖端、产品的认可度高的全球化企业竞争，另一方面，还要与劳动力廉价的发展中国家竞争。

当然，日本的公司中，也有很多汽车、机床和电力机械等产业方面的全球化企业。但是，总体来看，很多日本公司还是有着面向日本国内的特质。经常听人说，日本是一个缺乏天然资源、不与国外进行贸易就无法生存的贸易国家。尽管这是一个常识，但是作为二战后日本经济的最大特征之一，它还是有效阻断了来自国外的竞争，专心致志地依靠着国内市场发展了起来。

实际上，看一下引领现在日本出口的汽车产业也会明白，产业发展初期，其在日本国内市场的份额有着决定性作用。第二次世界大战结束之后，日本有6500万~7000万人口，国内市场原本就很大。以前我在美国教日本经济论时，在一个调查统计数据中看到1947年日本的汽车出口只有两辆。那一年汽车在日本国内的生产量是2000辆左右。从20世纪50年代到60年代后半叶，日本的汽车产业受到高关税的保护，通过面向日本国内市场的急速生产，飞速提高了它的生产率。1965年，汽车进口自由化之后，汽车的生产量达到了近200万辆，已经脱胎换骨成了具备国际竞争力的产业。进入70年代之后，日本汽车开始真正实现了对美出口，现在已经成为日本最大的出口产业。

尽管存在这样的事例，但是仍然不能否认日本的很多公司被国内市场保护着。结果，日本不知不觉成为世界物价最高、薪水最高的国家。于是现在很多日本公司一方面受到全球化企业对国内市场的严重侵蚀，另一方面还饱受着与来自发展中国家的进口商品的价格竞争之苦。当然，我们经常看到，也有像优衣库（UNIQLO）之类的企业为了获得廉价的劳动力，把生产基地转移到了以中国为首的发展中国家，把生产本身委托给了国外。但是，这会产生所谓的空洞化现象，减少对国内人员的雇用。于是，如果进军发展中国家的日本企业，把生产的商品返销到日本，会进一步压迫国内现存的企业。

全球化这种形式至少在短期内会迫使日本国内的很多企业进行重组。

IT 革命

“IT” 自然是 Information Technology 的缩写，意思是以电脑和网络为代表的“信息技术”。近年来电脑的飞速进步和网络的爆发式普及给公司带来了极大的变化，我们俗称它为“IT 革命”。

IT 革命正在摧毁日式公司组织所具有的相对优势。

公司的组织基本上呈现金字塔式的层次结构。其顶端是以总经理为首的最高经营层，底层是从事实际生产活动的众多劳动者，而中间则由被称为“白领”的各种中间管理人员占据着。

但是，据说同样是金字塔的类型，美国的企业组织和日本的企业组织的形式却存在很大的区别。第一，在美国，公司明确划分了工作职责，希望每个人都能出色地完成被分配的本职工作。开玩笑地说，如果正在工作的机器设备坏掉了，而专门负责修理的修理工没有来，那么在那里工作的劳动者只需要在那里等着就可以了，什么都不用做。如果负责生产的劳动者插手去修理，则属于越权行为，工会甚至可以要求他们赔偿。

而在日本，即使在大公司也没有明确劳动者的工作职责。不，更应该说是公司不让劳动者明确工作职责。公司希望每个劳动者能从事很多类型的工作。即使机器设备坏了，劳动者自己也要去修理。如果在生产程序和机器使用方面有改进的余地，劳动者自己要提出相应措施。也就是说，包括修理和改进在内的很多工作都是由现场的劳动者酌情处理的。当然，为了实现这些，现场的每一位劳动者都必须基于现场的经验琢磨出各种窍门和灵感，稍微学习一些专业的技能知识，并且现场的劳动者之间还须分享大量信息。

美国和日本在企业组织形式上的第二个区别在于中间管理人员。据说在美国的企业组织中，基本上是以自上而下的管理方式进行经营的。顶端的经营者进行决策，然后向下发出指令，而现场的劳动者只需要向上级报告是否根据指令开展工作，结果怎么样，等等。信息的流通基本上是垂直方向的，位于金字塔中间区域的中间管理人员的作用是把顶端设计的决策具体化，然后传达给现场的劳动者，再收集现场的实际成效报告给顶端的经营者。

而在日本的公司组织中，作为中间管理人员的白领，其比重无论在量上还是在质上都很壮观，他们不仅对现场劳动者的工作内容有一定的裁量权，还对与中间管理人员经营相关的决策有一定的裁量权。中间管理人员不只是顶端和现场之间的信息中转站，在很多层面上还实质性地参与公司经营。甚至可以说，日本最高经营层的主要工作是如何在金字塔的各个环节调整好分散的决策。在这个意义上可以说，日本的经营有着自吹自擂的嫌疑，它不是自上而下，而是自下而上的管理方式。

在日本经济被誉为“JAPAN AS NUMBER ONE”的20世纪80年代，大家一致认为，这种分散式的经营方式才是日本式经营的最大优点。但是，IT革命正在侵蚀着这种日本式经营的相对优势。

IT革命带来的信息处理能力也在加速进步，这至少让一部分之前现场的劳动者通过长年的经验和训练磨砺出来的窍门和灵感，变成了计算机当中的数据库，也至少让一部分通过现场劳动者之间精妙的团队合作运行的复杂生产程序，用计算机实现了模拟化。

另外，IT革命带来的信息网络也在发展，这大大改变了公司组织中的信息网。例如我们经常听说，总经理会用公司内的电子邮件越过中层管理人员直接向普通职员下达指令，或者普通职员会用电子邮件越过中层管理人员直接上报总经理。大多数情况下，这只不过是任性的自我吹嘘而已，但是这种吹嘘本身足以说明，公司组织中实际上已经开始出现这种所谓的“架空现象”。当然，人与人之间还是需要面对面的交流，但是，不可否认，网上交流的便捷，提高了熟人之间密切交流的重要性。而像这样顶端与现场之间直接进行信息交换，的确让位于两者之间的中层管理人员无用武之地，进而大大缩减了他们的权限。

总之，IT 革命逐渐消除了日式公司的相对优势。

战后日本金融的构造

公司需要资金，这是再理所当然不过的事了。因为必须向员工支付薪水，还要购买原材料。如果想对机器设备投资，就必须要为此筹措资金。为了进一步着手新事业，还需要新的资金。

到哪里去筹措这些资金呢？以前日本公司主要从保持长期密切关系的少数银行那里筹措资金。就是所谓的“主银行制度”。

日本的公司为什么只能通过银行的贷款来筹措资金呢？因为战败之后的日本尽管资金严重不足，但和现在的发展中国家不同，政府封闭了从国外引进资金的道路。日本的家庭经济以世界上最高的储蓄率而自豪，股票市场不发达，股票投资被视为一种赌博，在资产的运用上相对保守。因此，存钱的地方只限于安全的银行或者邮局。当客户把存款寄放在银行时，银行的作用是甄别想要资金的公司，把存款分配给它们。当客户把存款或者保险金寄存在邮局时，也会被政府暂时占用，然后分配到日本开发银行或者日本进出口银行之类的政策银行。这些资金被称为财政投融资，它们主要被作为长期投资资金，由政策银行分配给基础性产业。

日本经济在战后很久都处于贫困状态，银行和邮局的存款量有限。如何分配这少量的资金是银行的职责，所以银行对贷款的公司非常下力气。因此，公司在如何使用融资而来的资金方面要受到各种指导，还要任命银行出身的人员为董事。公司虽然很容易受到银行的统治，但是对于自身来说也有好处。公司在和银行的长期关系中，可以得到银行提出的有利于经营的建议；当公司陷入危机的时候，银行会从紧急融资到派遣重建人等各个方面提供帮助。

不久前，一家公司的成功案例就说明了这一点。一开始这家公司是强撑着开张的，银行却对此视而不见。公司最初从亲戚朋友那里，甚至从信用合作社或者信用金库①那里借来资金精打细算地维持经营。当公司顺利运行并被评为安全融资方的时候，银行就成为这家公司的主银行。于是，这家公司非常高兴。为什么？因为一旦有了主银行，下次就可以根据这家主银行的信用在其他银行贷款了。并且，有突发情况主银行也会帮助公司。拥有主银行，还可以扩大公司本身的信用，大幅提高公司筹措资金的可能性。

---

① 信用金库：以中小企业为对象，进行存款、放款、贴现等业务的金融机构。

金融革命

20世纪80年代后，世界性的“金融革命”开始爆发。关于金融革命，在之后的第8章再作详述，它基本上是指，只要有足够的信用，无论是谁都可以根据自己的需求，基于自由化的金融制度和发达的金融技术，以极低的利率自由筹措资金。

以前，日本的金融构造是把人们的存款通过银行变成公司的投资资金，就像护航船队一样，由以旧大藏省为中心出台的各种规定和行政指导来保驾护航。政府有必要基于一种国策性的视角把少得可怜的投资资金重点分配给几个限定的产业，因此对资金的调度进行了各种限制。于是，它成了旧大藏省和银行的既得利益。还发生过很多丑闻，我对这些都记忆犹新。

但是，日本在战后资金不足的状态下高速发展，现在已经成为世界最大的资产国之一。仅仅依靠银行和邮局的存款作为吸收丰富资产的渠道，已经显得力不从心。另外，英国撒切尔政权和美国里根政权之下大幅度的宽松政策，推进了资金在全世界的自由流动。从国际合作的层面来看，日本的旧大藏省和银行也不得不放宽之前对金融的政策。在这些内压和外压之下，日本的公司也可以不通过银行相对自由地筹措资金了。

具体而言，日本的公司可以发行债券，从全世界筹措资金。

不用从银行贷款，也不用像票据一样从限定的贸易伙伴那里获得信用，而是长期发行公司债券，短期发行被称为 CP（商业票据）的债券，并在公司债券市场和 CP 市场上销售这些债券来筹措资金。另外，公司还通过股权融资来增加股票资本，根据情况还可以比较容易地通过股票重新上市，从股票市场上直接筹措资金。不管哪种情况，通过公司债券、CP 市场和股票市场等开放式的金融市场，都增加了不通过银行这个中间方，直接从实际拥有资金的人们那里筹措资金的机会。

而且，从 20 世纪 80 年代开始，以美国的芝加哥和纽约为据点，以金融期货市场为首的金融衍生商品市场相继成立。在原理上来说，日本公司也可以利用这些市场筹措自己公司所需的资金。但是，现在说“在原理上”，是因为经常听说实际上很多日本的公司并没有运用好这种新型的金融市场，反而蒙受了巨大的损失。

发生经济泡沫的真正原因

这与日本严重的经济泡沫有着密切的关系。

据说在金融革命爆发前，公司投资的时候，只能从银行借取资金，但是银行因为重视和公司之间保持长期的关系，所以进行过相当仔细的审查。公司也只能投资经过银行严格审查并且合格的投资议案。

但是金融革命爆发后，公司可以从公司债券市场、CP 市场和股票市场等金融市场那里直接筹措到资金，这也说明了不经过银行审查的投资变多了。

这个时候正好是日本醉心于“JAPAN AS NUMBER ONE”的时候，不久之后，NUMBER ONE 的首都东京也成为世界金融部门的中心，全世界的金融机构煞有介事地蜂拥而至。东京的办公大楼都不够用了，最好的土地也不够用了。就这样，政府规划并煽动大家以东京湾沿岸为中心建造一个大型金融中心，于是大家开始投机性地抢购土地。以此为契机，东京市中心的土地价格开始急速增长。这就像多米诺骨牌一样，加速了地价的泡沫。这是经济泡沫的第一个阶段。

第二个阶段，银行是诱因。在这之前，日本的几家优秀企业储备了充裕的资金，不需要从银行筹措资金。实际上，全球化和金融革命可以在世界范围内筹措资金，日本几家有实力的公司也在欧洲和美国的金融市场直接销售过公司债券，或者上市过股票。并且，丰田等公司内部保留的利润也很大，都可以叫作丰田银行了，着实让人嫉妒。

银行着急了。银行被以前最大的贷款公司无视，过而不入，自己的利益源泉枯竭了。于是，它们开始对中小企业和个人放贷款。也就是说，银行为了确保自己的利益，必须要在之前不作为融资对象的地方，开拓新客户。但是，因为之前都只是和保持稳定关系的大公司合作，所以没有积累审查这些新融资投资议案的技能。

当然，也存在像信用金库和信用合作社那样，擅长这种小额贷款的金融机构。它们具备与当地客户群和区域性产业相关的地方性知识，能够进行比较健全的贷款，而银行则是突然加入进来的。银行几乎没有贷款方的相关信息，所以也不能进行像样的审查。尽管如此，因为当时有所谓的“土地神话”，认为土地价格绝对不会下降，所以觉得只要有土地担保就可以了，于是开始了不合理的放贷。这一次，银行的一部分资金用在了公司四处购买的土地和股票上。根据情况，个人也可以从银行甚至“住专”等非银行金融机构那里轻易地筹措到资金（并且，信用金库和信用合作社也中途加入到贷款竞争中）。这对泡沫经济更是火上浇油。

银行甚至奖励贷款方投资土地和股票，这使得泡沫的趋势更加凶猛。并且，泡沫经济带来了土地价格的上涨，抬高了土地的担保价格。这进一步刺激了只重视土地担保的银行的放贷，形成了由泡沫生泡沫的局面。

而且，泡沫一旦破裂，很多投机购买的土地，就不会再产生与贵得吓人的购买价相称的收益了。那么很多购买土地的银行贷款，别说本金了，就连利息都无力偿还，结果，它作为“不良债权”，在今后很长一段时间都成为日本经济的最大负担。

实际上，泡沫经济并不是日本才有的现象，在美国和欧洲也发生过类似的现象。在美国，一时间各地的储蓄银行大量破产。

例如，瑞典也一时间陷入了连日本都相形见绌的泡沫局面，金融革命四起。但是，在日本，土地神话加大了经济泡沫的规模，再加上施政当局的无能，因此泡沫经济崩溃引起的创伤比任何国家都要大。

金融革命和重组之间自相矛盾

前面已经指出，日本公司以前的收益率在世界范围内来看也是非常低的。如果美国（还有英国）公司的 ROE 提高不到 10%，那么公司的经营者就会迫于大股东的压力而辞职。但是，日本的公司，别说 5%了，哪怕只有 2%或 1%，经营者也被允许继续干下去。反过来说，这意味着，无论是日本的公司还是向这些公司融资的日本的银行，比起收益率，它们更会把公司的存续甚至发展当作至上使命。

在主要通过银行筹措资金的情况下，公司和银行，特别是和主银行的关系，会形成非常持久的互相帮助的关系。在这里，作为借款一方的银行，更重视的是作为贷款一方的公司没有破产而长期存续，能给银行支付长期稳定的利息，而不是这个公司是否开拓了摆脱风险而真正获利的投资项目。当然，如果贷款一方有所发展，那是最好不过的了。

但是，在通过公司债券市场、CP 市场和股票市场筹措开放性资金的方法中，贷款人和借款人之间的关系，要比银行和贷款一方的关系淡漠得多。例如购买公司债券和CP的人，他们追求的只是在债券期满之前公司是否健康经营、是否能毫无风险地返还本金和利息。在股票市场中，很多股东也只是希望公司能在短期内提高效益、增加股值。也就是说，随着从市场上筹措资金的比率越来越大，他们不再关注公司的存续和发展，而是越来越注重公司的短期收益率。

从全世界来看，所谓金融革命，就是可以让任何人根据自己的需求以很低的利息筹措资金，让公司以比之前更低的收益率延续下去。但是，具有讽刺意味的是，日本的金融革命正好起到了相反的作用。为什么？因为日本的金融革命意味着从以主银行为中心的筹措资金方法中脱身，重视公司自身的存续和发展，而不是收益率。结果加大了要求公司确保更高收益率的压力。实际上，经营者的意识也由此开始变化。在“高收益经营”和“相当于欧美的ROE”等呼声下，提高收益率的公司重组也势在必行。

日本经济的特征在于公司的形态

全球化、IT革命和金融革命这三大潮流，给日本经济带来了长期的影响。这三个动态，加上经济崩溃以来持续影响日本的萧条景象，对日本的公司造成了结构性的压力。

重要的是，正如“全球化”这一词语暗示的那样，全球化、IT革命和金融革命，几乎同时席卷了全世界。并且，这三大潮流对日本的经济，特别是对日本的公司来说，的确起到了负面作用，但是我们看一下美国的经济就会发现，至少在最近却起到了很大的正作用。美国的确通过全球化、IT革命和金融革命，在20世纪90年代实现了前所未有、令人讴歌的长期繁荣。不过在21世纪之后，美国股票市场持续10年的泡沫也开始破裂，进入21世纪10年代之后，美国经济整体上也呈现出萧条的景象来。

因此，问题来了。为什么全球化、IT革命和金融革命这三大潮流会对日本的经济起到负面作用？

极端来讲，这无非是因为日本公司的结构与美式公司以及欧式公司都不相同。更应该说只有日本是特殊的。但是作为公司的形态，日本的公司在某种意义上来说是与美国和英国极端对立的结构，虽然与德国等国的公司有很多共同点，但依然是不同的。

于是，我们首先要了解日本的公司到底具有什么样的特征。为此，我们首先要发问“公司”原本是什么。为什么呢？因为之前经济学家和法学家关于公司这一事物的理论，几乎都只不过是把美国和英国的公司作为典型来论述的。在这个框架中，日本公司的特征并不能很好地容纳进去。因此，很多经济学家和法学家表示，日本的公司作为公司来说是不完整的，还处于不成熟的公司形态中；甚至还有人表示日本的公司根本就不是公司。

但是，不管说与美国和英国的公司有多么不同，日本的公司显然也是公司。它与美国和英国的公司一样，满足作为公司的一切条件。

为了让大家理解日本的公司显然也是公司，我在这里不涉及公司相关的原有理论，而是要从更深的根源上重新思考什么是公司。了解这些并不是那么难，相反倒是之前的论述更加难一些，因为那些论述是把美国和英国的公司作为典型来完成公司相关理论的。

总之，针对“公司是什么”这个问题，我会在接下来的第 2 章和第 3 章给出我自己的答案。并且，以这个答案为基础，从第 4 章到第 6 章，主要思考日本公司的形态。在本书的后半部分，我还会指出，了解日本公司的形态，实际上有助于了解在后产业资本主义时代中公司的形态。

第 2 章

公司是不可思议的存在

“人”与“物”

在说明公司形态的时候，首先必须要抓住市民社会中最基本的关系，即“人”与“物”的关系。这里所说的“人”，是指持有“物”的主体；而与之相对，所说的“物”，是指被“人”持有的客体。简而言之，“人”持有“物”，“物”被“人”持有（如图1所示，人以圆形、物以长方形表示，从圆形到长方形的箭头表示持有）。“物”不能持有“人”，“人”也不能被“物”持有。这样一来，“人”与“物”作为持有的主体和客体被严格地区分开来，这是现代社会的根本。

图1　人与物

所谓私有制（私有财产制），是指“人”具有全面统治自己持有“物”的权利。例如，苹果树的持有人，是把它砍倒当柴烧，是种着它吃苹果，还是卖给别人换钱花，他完全可以自由处置。在现代之前的社会，“人”与“物”之间没有这种严格的区分。典型的事例是奴隶。奴隶在生物学上来说是“人”，但是却作为“物”被其他人持有，即“人”把“人”作为“物”看待。奴隶的持有人，强制奴隶从事各种各样的劳动，让女性奴隶生很多孩子，把没用的奴隶拿到市场上去拍卖。奴隶社会就是指以奴隶的存在为前提的社会，美国在 150 年前还存在奴隶制度，据说直到现在有些贫困国家还有买卖人口的现象。

奴隶制度废除后，像欧洲中世纪，封建时代的领主对居住在自己领地的属民，特别是农奴（serf）还进行着人格方面的统治。例如领主有对属民的裁判权，还在农奴结婚的时候，拥有初夜权等过分的权利。歌剧《费加罗的婚礼》(*Le Nozze di Figaro*）就是民众反抗领主这种权利的故事。另外，如果是相对富裕的家庭，家里的主人对仆人（servant）具有人格方面的统治权。无论是农奴还是仆人，虽然都不是奴隶，但是却不能拥有自己的时间、住所和生产资料，有些情况下甚至不能自由地统治自己的身体。在这个意义上来说，他们只是被“人”持有的“物”罢了。事实上，serf 和 servant 这两个词的词源都是拉丁语 servus，表示奴隶的意思。

在日本，明治以前，甚至到二战后民主主义宪法制定之前，也依然存在“人”对“人”进行人格方面统治的关系，其形式是家长制度。不被自己以外的任何东西统治的独立存在，是现代意义上对“人”的定义。换言之，“人”不是归他人所有的“物”。进入现代市民社会后，“人”与“物”之间的关系才得以明确区分开。

但是，在这样一个市民社会框架中，资本主义发展了起来，并且在资本主义发展的过程中，公司这种结构形式也发展了起来。不，更应该说，公司的发展才是 19 世纪后半叶资本主义发展的原动力。

并且，实际上，公司的存在的确是从“人”与“物”之间的现代化持有关系中发端的，但是它却模糊了“人”与“物”之间严格的区别。

企业与公司

为了思考“公司是什么”这个问题，我要稍微多言几句，先从“公司”和“企业”的区别开始谈起。

企业是以追求利润为目的的经济组织。最古典的企业形态是附近巷口的蔬菜店。假设夫妻俩共同经营，那么它就是合营企业。当然，这个蔬菜店不属于股份公司。

恐怕这家蔬菜店的店铺是租来的。但是，放在店前的苹果、橘子、萝卜和卷心菜之类的商品则全部属于这一对夫妻共同持有。蔬菜店是向来店购物的顾客销售自己持有物的地方。

所以，老板或者老板娘即使因为工作的时候突然肚子饿而吃了放在自家蔬菜店前的苹果或橘子，也不会受到任何责备。吃掉苹果的老板唯一要在意的是老板娘的抱怨，吃掉橘子的老板娘唯一要在意的是老板的怪罪。只要能忍耐这些，就可以毫无顾忌地吃苹果或橘子。因为苹果和橘子反正都是自己的“物”。

如果是一家车站的拉面店，情况就更单纯了。因为它是从公司辞职的店主独自料理的，所以是一家私人企业。肚子饿的店主即使吃了自己做的拉面，相信谁都不会说什么。因为采购的面、猪肉和葱，甚至连做好的拉面全都是店主的“物”。拉面店的店主只向顾客卖自己的拉面，他就是统治放在拉面店里的“物”的人，不过顾客是上帝……

合营企业的规模稍微变大一点后，称为合作社。几个人相互签下合同，共同持有这个“物”，共同开展活动，这种方式就是合作社。例如，合作社式的法律事务所的合伙人，则是和其他合伙人共同持有和管理该事务所拥有的各种“物”。但是在现实中，却有很多像消费合作社和农业合作社这样也叫合作社而被视为法人的组织，所以我在这里使用“合营企业”这个词语包含法律意味上的合作社，防止混淆。

如图 2 所示，私人企业和合营企业等古典企业全都是在私有制之下原封不动地使用着“人”与“物”之间的关系。“人”持有“物”，“物”被“人”持有。即，“人”统治持有“物”，“物”被持有“人”统治。

图 2　私人企业与合营企业

但是，只要“企业”变成了“公司”的形式，“人”与“物”之间的持有关系就会出现相当复杂的情况。我接下来对此进行说明。

我之后会叙述到很多种公司形

态，这里暂时先谈谈最发达的公司形态——股份公司。

我先以股份公司式的连锁超市为例进行说明。从外部看，连锁超市的确有股东也有公司资产。股东是各种各样的“人”，公司资产是超市内的苹果、方便面、调味品，还有店铺和土地、搬运用的卡车、总公司办公室、惠民设施等各种各样的“物”（当然还有超市内的员工、总公司办公室的经营者。关于这些人的作用，之后再做论述）。从物理性的意义上来看，股份公司除了规模大之外，好像和私人企业或合营企业没什么区别。

但是，如果把股份公司中的股东和资产的关系等同于私人企业或合营企业中的持有人和资产的关系，那么则是相当荒唐的。

假设我是一家连锁超市的股东，再假设我饿着肚子走路，碰巧经过自己是股东的超市的门口，接着再假设我以和拉面店的店主或者蔬菜店的夫妻相同的方式，走进超市拿起摆放在那里的苹果啃上一口。结果会怎样？

我肯定会因盗窃罪被抓起来！

假如我手中持有这家连锁超市的股份，那么超市的责任人或许会为了不破坏在股东心目中良好的形象而放过我。但是，假如我是一个社会活动家，要弹劾这家连锁超市直营的肉食处理厂破坏了环境，那么即使我是不折不扣的股东，也有可能以盗窃罪被关进大牢。

为什么会这样？

因为公司的股东不是公司资产的持有人！

公司的股东，在法律上并不是超市内放在货架上的苹果、方便面、调味品，或者店铺和土地、搬运用的卡车、总公司办公室、惠民设施等公司资产的持有人。

那么，到底谁才是这些资产的持有人呢？是作为“法人”的连锁超市，还是作为“法人”的公司本身？

法人是什么？

这里出现了“法人”这个词，是指公司资产在法律上的持有人。那么，法人到底是什么？

在英国，公司是 company，法人是 legal person，是分开使用的。而在美国，公司大体上是 corporation，法人是 legal person，但是 corporation 这个词也有法人的意思，相当混乱。我认为在日本很多情况下也没有太明确区分开“公司”和“法人”。硬要说的话，那么好像法人化的企业被称为“公司”。在这种情况下，公司是企业，所以目的是追求利润。与之相对，“法人”这个词，未必是以追求利润为目的的，而是指范围更广的组织。

说起法人，顾名思义，是指“法律方面”的“人”。这里所说的“法律方面”本来就不是指“人”，而只不过是“物”。实际上在民法和商法的教科书中，法人的定义本来就不是“人”，而是指在法律上待之以“人”的“物”。这里重要的是，在任何一本法律教科书上对于这一最基本的定义都明确指出，法人具有“人”与“物”的两面性。法人是个不可思议的存在，它是“物”也是“人”，是“人”也是“物”。

把公司看成“人”，无非意味着把公司视为可以持有“物”的主体而已。并且，作为法人的公司的确是公司资产在法律上的持有人。

因为作为法人的公司是法律上的“人”，所以可以和其他个人或公司缔结合同。公司以公司的名义，可以和原材料供应商、零部件提供商或机械制造商缔结购买合同，和员工缔结雇用合同，和土地持有人缔结租赁合同，和银行缔结借贷合同，和销售店缔结销售合同。而且，因为作为法人的公司是法律上的“人”，所以还可以在公司的名义下，被其他个人或公司起诉，或者起诉其他个人或公司。事实上，仔细读一下报纸就会发现，在各种各样的诉讼中，公司也会成为被告或原告。

股东不是公司资产的持有人，那么，股东到底持有什么呢？

刚才说法人具有既是“人”也是“物”的不可思议的性质，作为法人的公司因此也是“物”。公司的股东持有的是“作为物的公司”。但是，这里所说的作为物的公司，到底整体上指什么呢？

它不是公司的办公室，甚至也不是公司的土地、公司的工厂、公司的电脑、公司的产品。毋庸赘言，这些都只是作为法人的公司持有的公司资产。

而作为物的公司，不是指具体形式的“物”，它实际上是指被称为“股份”的抽象物。而股东只不过是持股人，即股份的持有人。

股份是什么？

在《公司法》的教科书中写道：股份是指股东之于公司在法律上的地位。到这里我们完全不知道它在说什么。书中接着写道：股份是指股东在股东的地位上伴随着的权利的总体。到这里我们还是不知道在说什么。于是书中又写道：在这个权利中，大而言之，包括共益权和自益权两种。到这里我们还是不明白。书中再往后写道：共益权有股东大会表决权，自益权有利益分配请求权和剩余财产请求权等。至此，我们终于明白了股份是什么。

如前所述，作为法人的公司是法律上的“人”，持有“作为物的公司”的资产。

并且，也如前所述，在私有制之下，持有“物”是指具有能够全面统治该“物”的权利。第一是有决定如何使用该“物”的权利，第二是有把该“物”衍生出的新“物”作为自己持有物的权利。

在股份公司中，如何使用公司资产，最终取决于股东大会的决议，所以伴随持有关系的第一个权利最终是在股东大会上的表决权。另外，公司资产衍生出的新“物”全都算作利益，所以伴随持有关系的第二个权利最终是对利益的分配请求权。但是，在公司倒闭的时候，如果支付给债权人一切债务后万一还有剩余，那么这个权利就变成了只能把剩余的“物”作为自己东西的剩余财产请求权。

也就是说，构成股份的股东大会决议权、利益分配请求权和剩余财产请求权等权利，无非是公司作为法人对持有的公司资产拥有统治权的具体内容。因此，持有股份等于持有股份统治权本身，更进一步说，它等于像持有作为“物”的奴隶一样，持有着作为这个统治权主体——法人的公司。股份的持有人——股东持有“作为物的公司”就是这个意思。

并且，在资本主义中，一切“物”都是买卖的对象。当然作为物的公司也是买卖的对象。但是一般情况下，只有相当有钱的人才能把整个公司买下来。因此，作为物的公司往往会被分割成细小的单位，使普通大众也能参与买卖，我们把这种分割的一个个单位称为“股份”。

更进一步说，用具体的纸片形式把这些股份表现出来就是“股票”。买卖股份本来是指买卖抽象的法律权利，现实中则是买卖具有具体形式的股票。

股份可以通过谈判交易进行买卖，但是大多数情况下则是在健全的市场上进行开放式的买卖。这个市场就是股票市场。也就是说，股票市场就是买卖作为物的公司的部分股份的市场。

日语中的“株式”

日本自古就有“株式”[1] 这个词。“株”在江户时代就已经被用为经济术语了。另外，“式”和“职”的含义相同，“职”的发音很长一段时间也和“式”一样读作“しき”。

“职”本来是律令体制中衙门的名称，例如“阴阳职”的意思是掌管阴阳道的衙门。到了平安时代出现了“职的体系”一词，是由特定氏族或之后的特定家族世袭承担衙门职务使之运营的体制。例如安倍家族世袭的就是“阴阳职”。至此，本来是衙门名称的各种“职”就被看成了继承这个“职”的氏族或家族的“份额”。安倍家族因为是由天皇任命的“阴阳职”，所以不是舞弄阴阳道，而是把“阴阳职”作为“份额”掌管着阴阳道。时代变迁，“职”从特定氏族或家族中独立出来，不仅仅在父子之间世袭，也会转让给其他人。

而“株”本来是树桩的意思。即使把树砍掉或烧掉，只要留下树桩，一到春天它还会发芽、再次变成树的。因此可以说，如果“职”的世袭固定下来，父亲死后儿子也会直接继承，那么超越个人生死、永续继承的“职”就可以和砍掉树干后依然残存的

---

① 株式：日语词，表示股份、股权、股票的意思。

“株”等同视之了。于是，“职”本身就像是某种“物”一样，一旦在人们之间进行买卖，那么“株职”，即“株式”这个概念也就确立了下来。

实际上，在江户时代，“旗本”[①]、“御家人”[②]和“名主”[③]之类的身份可以以“旗本株”、“御家人株”和“名主株”的形式进行买卖。更广为人知的是在大米批发商和钱铺兑换商等商人之间创建的“株仲间”[④]。所谓“株仲间”，就像独占大米中间贸易或金银兑换营生的大米批发商和钱铺兑换商那样的同业团体，他们的营业特权被称为“仲间株”。虽然也有很多商业上的惯例，但是通常情况下，要得到以幕府为首的公权的认可。一开始即使“株仲间”中的一员去世或引退，“仲间株”也大多会转让给他的儿子或亲属，不能进行自由买卖。但是随着时代的变迁，也可以进行相当自由的买卖了。

在这里必须要注意的是，这个股份制度不同于古今东西全世界看到的“卖官鬻爵制度”。卖官鬻爵制度是当权者为了中饱私囊或者挽救国家财政而向有意买官的人出售官位和职务的制度。这种情况下，虽然官位或职务也是一种“物”，但是它的持有权，

---

① 旗本：指在江户时代将军直系家臣中，俸禄在1万石以下，具有谒见将军资格的武士。

② 御家人：指在江户时代将军直系家臣中没有谒见将军资格的俸禄少的武士，位于旗本之下。

③ 名主：指江户时代担任村政事务的一村之长。

④ 株仲间：指江户时代由商人和手工业者组成的具有特权的组织。

始终掌握在当权者的手中。而股份的持有权是从公权手中分离，归继承股份的家族或个人所有。

如此看来，股份是日本自古就有的概念，它把继承地位和身份等社会性特权，以及营业许可和操作机密等经济方面的特权本身视作了一种“物”。因此，在明治时代引进欧美股份公司（株式会社）制度的时候，关于“株式”这个词，即使没有专门重新制造一个翻译用词，日本人也能勉强明白。事实上，股份公司这一制度瞬间就在日本普及了。

稍微有些跑题，接下来进入正题。

股份公司的基本构造

如图2所示的那样，拉面店之类的私人企业和蔬菜店之类的合营企业，是在“人”与“物”之间单纯的持有关系上建立起来的。拉面店的店主一个人持有店里的面和材料用具。蔬菜店的夫妻俩共同持有店里的蔬菜和水果。“人”与“物”被严格区分开来，“人”

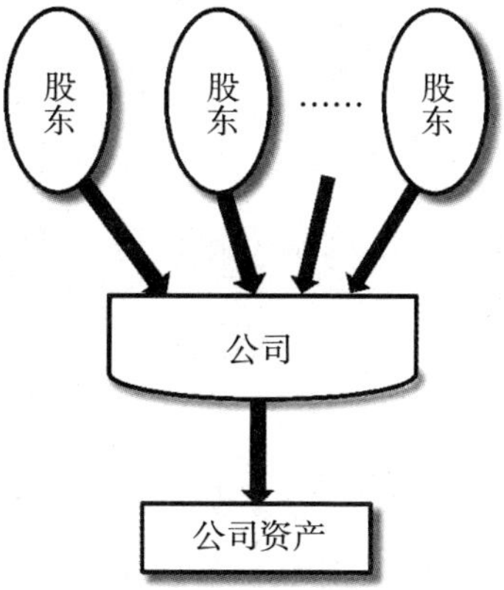

图3　股份公司的构造

持有“物”,“物”被“人”持有。

从物理性的视角来看，股份公司式的连锁超市，一方面有作为股东的“人”，另一方面也有作为公司资产的“物”，这的确和私人企业或合营企业没有什么区别。但是，从持有关系这个制度性的视角来看，在我们的眼前就会浮现出更加复杂的构造。

第一,“公司资产”的持有人不是“股东”，而是作为法人的“公司”。第二,“股东”只是这个“公司”的持有人而已。在这里，作为“人”的股东和作为“物”的公司资产之间的关系，只不过是把作为法人的公司当作“中间项”的间接关系，如图3所示。

也就是说，股份公司由“双重持有关系”构成，一是股东持有作为法人的公司，二是作为法人的公司持有公司资产。

并且在这里我必须要强调，作为这个双重持有关系的“中间项”——作为法人的公司，同时起到了“人”的作用和“物”的作用。作为法人的公司，对于本来是“物”的公司资产来说，它是持有关系的主体，即起到了“人”的作用，而对于本来是“人”的股东来说，它是持有关系的客体，即起到了“物”的作用。

刚才指出，法人是指在法律上待之以“人”的“物”，具有“人”与“物”的两面性。至此我们弄清楚了法人的这个两面性分别起到什么样的作用。法人之于“物”起到了“人”的作用，之于“人”起到了“物”的作用。

法人的确是个不可思议的存在。以法人为内核的股份公司这样的构造也的确是个不可思议的构造。

总之，图 3 所绘的“双重持有关系”才是股份公司的基本构造。只要好好把握这个基本构造，那么关于股份公司的一切，都基本上会自行理解的。

法人的存在理由

为什么会产生法人制度?

我们先来考虑一下拉面店之类的私人企业。虽然叫私人企业，但是只要是企业行为，就必须和其他个人或公司缔结各种各样的合同。夸大一点说，如果从供应商那里采购食材，就要和供应商缔结购买合同；如果顾客点拉面，这也相当于和顾客缔结了一个暂时的销售合同；当然，如果店铺是租来的，还必须要和房东缔结租赁合同；如果从信用金库那里借了款，就必须要缔结借贷合同。如果有完整的合同，那么其中作为合同一方的主体，就要在合同上签上拉面店店主的姓名。拉面店的店主是以私人的名义，和供应商、顾客或房东缔结的合同。

蔬菜店之类的合营企业，乍一看好像也是同样的情况。共同持有人的夫妻俩，必须和供应商缔结购买合同，和顾客缔结销售合同，和房东缔结租赁合同，和信用金库缔结借贷合同。但是，这里更为重要的是，这种情况下，合同中必须同时签上共同持有人夫妻俩的姓名。为什么？因为在合营企业中，所有的共同持有人针对缔结的合同享有同等的权利和义务。因此，如果共同持有人之间发生争执，或者其中一人因疾病或年龄而撒手不管，又或者去世了，那么之前缔结的合同在原则上就会失效，必须要重新书写合同。这对合营企业及其合同方来说都是需要费用的事情。

就像夫妻俩共同持有的蔬菜店一样，小规模的合营企业确实不必过分担心这种情况。但是，当合营企业的规模不断扩大的时候，共同持有人的人数也会增加，和外界之间的合同关系也会变得复杂起来。这样一来，由于共同持有人之间的内部纠纷或者一部分共同持有人的离开等情况，会加速提高必须重新书写之前已经缔结过的合同的频度，为此所需的费用也会成倍增加。它显然会让合营企业以及与外界的合同关系变得不那么稳定。于是，其他个人或企业也会考虑要不要和这家合营企业缔结长期的合同关系。

例如，假设现在有一个由 10 个人共同出资、共同经营的合营企业，再假设这家合营企业和供应商、顾客、房东、金融机构等缔结了 100 项合同。此时，如果 10 个共同持有人中的 1 个人反对或离开，那么之前的合同就会失效，重新书写合同的费用相当于 $10\times100=1000$。图 4 是对这种情况的概念性描述。

假设这 10 个共同持有人把这个合营企业变成了法人。那么就产生了作为第 11 个新“人”的公司。原本的 10 个共同持有人就变成了这个公司的股东。这样一来（如图5所示），因为公司是“人”，所以可以独立于每一位股东，以自己的名义持有“物”，即公司资产。

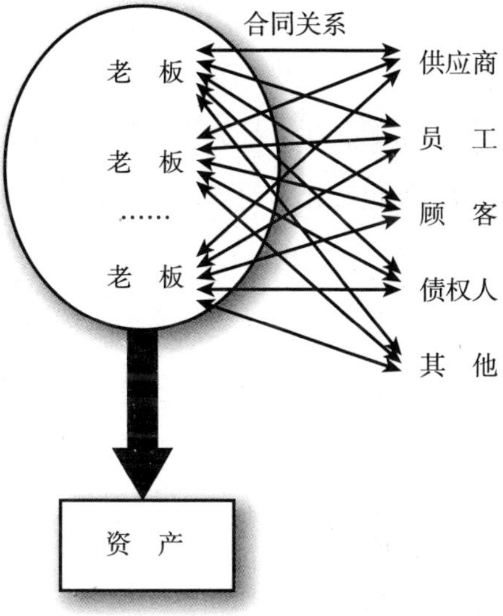

图4 合营企业

进一步说，因为公司是“人”，所以依然可以独立于每一位股东，以自己的名义和供应商、顾客、房东、金融机构等缔结合同。这

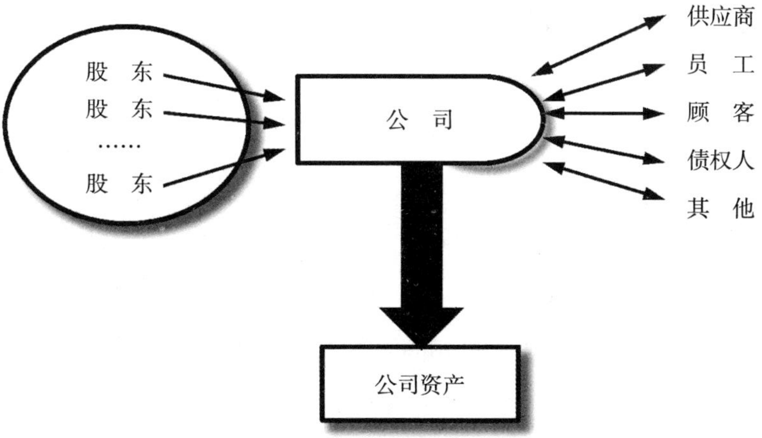

图5 股份公司

同样大大简化了和外界的合同关系（如图 5 所示）。法人化以前的合营企业，重新书写合同的费用相当于 10×100 = 1000，但是法人化以后的公司，其费用只相当于 1×100 = 100。这会稳定合同关系，由此也会让其他个人和企业放心，并能与该公司保持长期的合同关系。

也就是说，法人无非是为了简化合营企业和其他个人或企业缔结的合同关系而引进的法律层面的构造。

再来看一下解释为什么要有法人的图 5，以公司为轴心，把股东指向公司的箭头（和表示股东的圆形一起）顺时针旋转 90 度，如果不看右侧表示合同关系的双向箭头，那么我们会发现，图 5 实际上和描绘股份公司基本构造的图 3 完全相同。也就是说，通过法人制度简化和外界关系的企业，结果让其内部的构造变得复杂了。这就是股份公司的基本构造——双重持有关系。

法人的历史起源

自古就有和法人类似的概念。因为人类在某个意义上开始经营某种共同事业的时候，就必须要有一个和法人功能类似的团体。据说最初把现在我们使用的法人这一概念制度化的是罗马时代。并且，最初采用法人制度的地方是和资本主义没有直接关系的自治城市和殖民地。并且，到了中世纪，欧洲的寺院和大学成为法人，几乎与此同时，从事商业活动和生产活动的同业公会也采用了法人的形态。

在学生运动全盛的时期，中世纪欧洲的自治城市中曾经极其盛行辩论，我们从中可以看出公民自由的原型。所谓城市自治团体，就像是给这种浪漫的想象泼冷水一般，英语是 municipal corporation 或 city corporation，它应该被翻译成自治公司或城市公司。不仅在语言上，作为实际的构造，自治城市也与现在的股份公司极其相似。公民对应股东，城市的行政机关对应公司的经营组织，而市长的作用相当于董事长总经理。并且，在当时的城市自治团体中，只有少数纳税的富人才被视为公民，所以至少在原则上实行的是直接民主制，比起以间接民主制为基础的现代城市自治团体来，它与以股东全员参加为原则的现代股份公司更为相似。

城市的公民拥有各种各样的自由。因为他们被罗马时代的皇帝、欧洲中世纪的封建领主赋予了公民自治的特权。在这些特权中，甚至还包括不用向领主纳税的特权。

那么，为什么城市自治团体要成为法人？假设城市的公民通过和领主的抗争，最终获得了不用纳税的特权，当然，为了明文规定这个特权，就要和领主缔结合同，但是和领主之间的合同到底应该由谁来署名呢？按理说，应该是所有公民，但这是不可能的。在这里假设市长代表公民署了名。但是，这个市长死后，该怎么办呢？合同最终是基于签合同的本人自己的责任而缔结的。

签合同的本人一旦去世了，原则上合同就会失效。因此，公民很是苦恼。每一次市长换届的时候，都必须要围绕自治特权和领主重新交涉一番，甚是难办。

此时让他们想起的制度就是“法人制度”，不仅把城市当作公民的集合体，而且还把它本身视作具有“人”的资格的存在，市长在合同上签字的时候，不是作为市长个人，而是代表着作为法人的城市的存在。于是，作为法人的城市是超越每个市长，不，是超越每个公民生命的存在，无论换掉多少个市长，和领主的合同都要持续下去，公民自治都要维持下去。

同样的事例还有寺院。先有个伟大的和尚，周围钦佩他的人把土地和房屋捐赠给他，这样就成立了寺院。僧侣在大家捐赠的土地上种植作物，支撑着寺院的生活。并且，这些土地是以宗教的目的捐赠来的，所以封建领主也不想征税。因为他们认为如果这样做自己就进不了西方极乐世界了。

但是，问题和城市自治团体一样，如果这个伟大的和尚去世了，该怎么办？有捐赠来的土地，还有很多以此为生的僧侣。所以，免税的特权不是要给这个和尚，而是把寺院本身看作具有“人”的资格的存在，将特权给予作为法人的寺院。

像这样，一开始在与经济关联薄弱的地方都使用了法人这一构造，但是到了12世纪以后，即使在欧洲的经济活动中也渐渐地不再使用了。还有个例子，意大利的贸易商人为了和海外进行长途贸易组建船队，就把船队本身当作了法人。

随着资本主义的发展繁荣，法人制度渗透进了经济活动中。起到决定性作用的是16世纪后半叶到17世纪初，以全球规模推进长途贸易的荷兰和英国的东印度公司。可以说至此形成了具有现代意义的股份公司。

尽管如此，我越想越觉得，法人是个不可思议的存在。现代市民社会的出发点在于“人”与“物”的严格差别。“人”不是“物”，“物”也不是“人”。于是，最初建立现代化市民社会的西欧，在资本主义的要求下，从法人这个自古存在的制度中形成了股份公司这个精妙的构造。但是，也可以被称为现代市民社会产物的公司这个构造，居于其中心地位的法人，却动摇了把“人”与“物”严格区分开来的现代市民社会的前提条件本身。这里存在一个现代市民社会的巨大矛盾。

股份公司的公共性

刚才论述了法人的存在理由，就是它简化了合营企业与其他个人或企业缔结的合同关系。并且方才我们也看到，法人的历史起源实际上在于简化了城市和寺院等团体与封建领主缔结的合同关系。

实际上，这些都意味着法人的本质是公共性的存在。

例如，假设集合10个人为了某个目的形成了团体。这10个人相互之间达成协议，无论制作了多么精妙的合同，仅有这些，这个团体还形成不了第11个“人”，必须要有别人的认可。团体的10个成员另当别论，如果供应商、顾客、房东或金融机构不承认团体自身是持有资产的存在，就不可能和它缔结购买合同、销售合同、租赁合同或借贷合同，这是可想而知的事情。

也就是说，一个团体不只是人的集合，其本身如果要作为“人”发挥作用，就必不可少地需要得到别人的认可，更为一般的说法是得到“社会的认可”。但是，社会常常是反复无常的。得到的社会认可说不定什么时候就消失无踪了。法人制度正是为了真正稳定社会的认可所设，无非是国家通过法律形成的制度。

因此，法人并不单单是通过个人与个人之间的合同形成的“个人”的存在。在有赖于得到社会认可这个意义上来说，法人在本质上是“公共性”的存在。

公司的经营者常说，公司是“社会的公器”，这绝不是危言耸听。

第 3 章

公司的构造

股东的有限责任制

如前一章所述，股份公司的基本构造是股东以“物”持有公司、公司以“人”持有公司资产的双重持有关系。只要好好把握这个基本构造，就基本上会自动理解股份公司所具有的各种性质。

我这里首先要提到的是股东的“有限责任制”。为什么？因为在很多《公司法》的教科书中写到：有限责任制才是股份公司区别于古典企业的最大特征。

在拉面店之类的私人企业中，当经营不善而倒闭的时候，债权人可以扣押拉面店店主的所有资产。店主是企业的持有人（老板）。针对私人企业在经营中的欠款，不仅企业使用的资产，就连持有人自己持有的全部资产都要成为被扣押的对象。这就是在没有法人化的企业中持有人的“无限责任制”。但是，如果拿出个人的全部资产仍然有欠款，这个人就会被宣告破产，其欠款也会消失。所以，虽然叫无限责任，但归根结底是理论上的话语，现实中只可能承担有限责任……

合营企业的情况也基本相同。夫妻俩共同持有的蔬菜店，即使因为老板娘实际经营的失败而倒闭，即使夫妻俩居住的房屋在丈夫一个人的名下，也要被扣押来偿还欠款。如前所述，关于合营企业缔结的合同关系中的一切权利和义务，都由共同持有人共同承担。它是适用于一切共同持有人的原则，不只是夫妻的情况。即使因为一个人的失败而负债，其欠款也会成为其他所有共同持有人的无限责任。

这里没有什么不可思议的。在私人企业和合营企业等古典企业中，企业的资产是持有人自己的资产。从定义上来看，企业的资产和持有人自己的资产之间没有区别。

但是，如果是股份公司，情况就不一样了。

在股份公司中，公司资产的持有人不是股东，而是作为法人的公司。股东只不过以“物”持有作为法人的公司而已。并且公司在贷款的时候，成为借贷合同主体的不是股东，而是作为法人的公司。

假设股份公司的经营陷入僵局而倒闭了。这个时候，背负贷款偿还责任的当然是借贷合同的主体——作为法人的公司，而不是股东。被债权人扣押充当贷款的只是作为借贷合同主体的公司持有的资产而已，并不是股东的资产。这里，在公司的资产和股东个人的资产之间有着严格的区别。正因为如此，前一章中自己是股东、吃了超市苹果的社会活动家，才会因盗窃罪而被逮捕。

当然，如果公司倒闭了，股东持有的股票价值就会变成零。但是，除此之外，即使公司背负巨额贷款，股东也完全没有必要承担偿还责任。

这被称为股东的“有限责任制”。在以前的《公司法》教科书中，对此有很多页比较难理解的说明，但它并没有什么不可思议的。股东的有限责任制是股份公司基本构造的必然结果。它只不过是在借贷合同的观点上换了一种说法：股份公司建立在双重持有关系上，其中存在股东和公司两种“人”。

企业的经营者

接下来论述古典企业的经营者和股份公司的经营者之间的区别。

私人企业和合营企业等古典企业原则上是由老板（持有人）自己经营的。为什么？前面已经多次叙述过，持有“物”就是拥有全面统治该“物”的权利，在企业中即拥有自由经营该企业的权利。

但是，无论是私人企业还是合营企业，老板一旦上了年纪、生病、不喜欢或者不擅长经营了，那么就会把经营活动交给其他人。

这种情况下，老板和经营者之间的关系，用法律的术语，就变成了“代理”的关系，说得再详细一点，就变成了“任意代理”的关系。原则上老板本人也可以干涉经营活动，但是由于各种原因，老板会根据本人的意愿把这个交给别人。这个时候，老板和经营者之间就缔结了“委任合同”。老板就要起草自己持有企业的经营委任给某个人、赋予他代理权的合同，俗称委任书。根据这个委任书，只要是在被委任的事项范围内，经营者所做的一切即视为老板所为。

那么，在委任书中只需要委任一方的老板署名，不需要被委任一方的经营者署名。这意味着在委任合同中不可缺少地要存在委任一方的意愿表示。当然，被委任的经营者一方也应该按照自己的意愿进行经营。这里存在按双方自己的意愿而缔结的合同关系。这的确是基于私人自治原则而形成的民法领域中的事情，国家不便直接介入。即使发生什么纠纷，也要根据民法裁决。

但是，股份公司的情况就大不相同了。

公司的经营者

在股份公司中，持有公司资产的是作为法人的公司。公司在与外界的个人或企业缔结合同的时候，该合同的主体也是作为法人的公司。但是，法人无论怎么说只是法律上的“人”，毕竟不是现实中的“人”。它只不过是个纯观念性的存在，不能思考，不能视听说，也不能握手和步行。在现实中不能进行任何经营活动。

因此，为了使作为法人的公司能在现实社会中作为“人”进行经营活动，就绝对需要一个“肉身”以公司的名义去实际运作资产及和别人缔结合同。

于是，我们把为公司或代替公司进行经营活动的“人”称为股份公司的“代表董事”。实际上法人还有其他很多种。请想一下，法人的起源原本就不是经济组织。也就是说，法人不仅有以追求利润为目的的公司，还有像农协、生协和工会这样不是以追求利润而是以维护成员利益为目的的中间法人，以及像学校、宗教团体和医疗机构这样以公益为目的的公益法人，更有把以艺术创作和学术研究为目的捐赠的财产视为法人的财团法人等（第9章将简单讲述NPO法人）。例如，很多美术馆组建了财团法人，不过必须要设置“理事”。美术馆必须要管理很多贵重的艺术品，还要为了购买新的艺术品而制作合同。这个时候，就绝对需要一个作用和公司中的代表董事一样的“人”，这就是理事。

广而言之，我们把为法人或代替法人表达观点和采取行动的“人”称为“代表机构”。在这里请注意“机构”这个词和“器官”① 这个词的日语发音完全相同。这不是偶然。机构和器官原本就是organ这个英文词的翻译。只不过在明治时代被某个聪明人翻译成了两个发音相同的词罢了。也就是说，代表董事和理事之类的法人代表机构相当于法人的脑袋、眼睛、耳朵、嘴巴和手

---

① 机构和器官在日语中分别写作“機関”“器官”，读音都是“きかん”。

足等器官般的存在。由此原本只是观念性存在的法人，就变成了现实社会中拥有肉体的人一样，它们就像人形净琉璃①中操纵木偶的人。

事实上，在以前的《公司法》中，公司规定必须要有“代表董事”，中文常用“董事长”表示。(实际上在2006年施行的新《公司法》中，情况变得非常复杂，形成了以下构造：所有公司至少要设置一名董事〈第326条〉；小公司的所有董事实质上都是代表公司的代表董事〈第349条〉；在稍大一点的公司中，未必所有董事都具有代表权，多是从中选出具有代表权的“代表董事”〈第349条之3及4〉；上市公司等大公司必须设有3人以上成员的“董事会”，有义务从中选出代表董事〈第327条、362条之2之3〉；但是在130页之后说明的称为“设有委员会的公司”中，则是由“代表执行董事”代替代表董事进行经营。这种情况下，分配董事之间的代表权存在若干暧昧性。为简便起见，以下把有代表权的经营者都称之为“代表董事”。)

《公司法》中没有限定代表董事的人数，所以在一个公司中，一般情况下除了总经理之外，还设有副总经理、专务董事，或者按照美国说法的CEO、COO、CFO等具有莫名其妙头衔的多名代表董事。另外，董事会的会长在很多情况下也是代表董事。并且

① 人形净琉璃：日本独有的木偶戏。“人形”的意思是木偶，“琉璃”的意思是一种伴以日本三弦演奏的戏剧说唱。

通常情况下还存在没有代表权的董事或执行董事等，代表董事委任给他们一部分权限，让他们承担公司的日常事务。股份公司的经营者大概就是指这些人。

在股份公司中绝对有必要存在经营者，这一点很重要。如果没有经营者，股份公司在现实社会中就不能发挥“人”的作用。

私人企业和合营企业的经营者与股份公司的经营者之间存在着决定性的区别。

在古典企业中可以没有经营者。并且，即使存在经营者，这些古典企业的经营者也只是企业的老板用自己的责任进行经营。经营者是老板的代理人，通过和老板之间的合同获得经营者的地位。如果古典企业的老板看不上经营者，就可以立马辞退他，任何时候都可以亲自经营公司。

与此相对，股份公司存在经营者，并不是因为和股东之间的合同，而是因为《公司法》规定了公司必须要有经营者。

我这样说肯定会有人立马反对吧。有人会说：股东可以通过股东大会的决议解雇经营者；另外同样可以通过股东大会的决议废除经营者制作的经营方针、经营者缔结的合同等。

股东的确可以解雇现在的所有经营者，但是，即使是股东大会的全体意思，也不能没有经营者。股东确实可以推翻经营者的重要决策，但是，即使是股东大会的全体意思，也不能免除经营者代表公司进行经营的权限。不管股东愿不愿意，在股份公司中都必须要有经营者。

股份公司的经营者不是基于委任合同的股东代理人，那么，他们到底是谁的什么呢？

答案是：股份公司的经营者是公司的“信任受托人”（也叫“信托受托人”）。

这里突然出现了“信任”这个词。那么，“信任”是什么意思呢？

关于信任

“信任”相当于英语 fiduciary，它的定义是通过信赖把工作交给他人的行为。在法律教科书中一般被翻译成“信认”，在这里我使用更加忠实于原意的“信任”这一词语①。

信任是和合同性质不同的概念。

例如，我们想一想给在无意识状态下的患者做手术的医生。该患者自己没有和医生缔结合同。但是尽管如此，救死扶伤的医生会因为自己的职责而为患者动手术。在这里的确是通过信赖把患者的生命交给了医生。也就是说，医生是受到信任的“信托受托人”。

---

① 关于信任这个概念的详细论述，请参考樋口范雄的《信任（信认）的时代——信托与合同》（有斐阁，1999）等。

在世界上，除此之外还有很多未成年人、智障人士、精神痴呆老人等在法律或事实上不能成为合同主体的人。为他们做财产管理等事务的监护人也是受到信任的信托受托人。

在医生和普通患者的关系中也混入了信任的要素。为什么？因为在医生和患者之间，存在着很大的医疗知识方面的差异。即使彼此交换了合同，也不可能以患者理解的水平规定医生进行治疗的内容。即使有规定，也不可能由患者来确认到底实没实行。无论患者有多么清晰的意识，都要通过信赖把自己的至少一部分健康和生命交给医生。

同样，律师、技师、教师、会计师、基金管理人等具有高端专业知识的专家在为他人工作的方面可以说亦是如此。一般情况下，即使是形式上的合同关系，只要当事人之间存在巨大的能力和知识差异，就必然混有通过信赖把一定的工作交给他人的要素。

信任这个词在英国和美国经常使用，而在日本却不太常听到。但是，在越来越专业化的现代资本主义中，信任的关系与合同关系一起，正在成为构成市民社会人际关系中最大的支柱。

很明显，公司的经营者和财团的理事等法人代表机构也处于对法人信任的关系当中。当然，法人和急救送医的无意识患者一样，是法律上明确的合同主体，但事实上却完全没有能力缔结合同。为该法人或代替该法人进行意思表示和行为的法人代表机构必然成为受法人信任的信托受托人（实际上，在《公司法》第330条和402条中有公司与董事或执行董事之间的关系要“根据相关委任规定”的条款，但这也只是导致了条款更加混乱）。

公司治理与信任义务

最近在报纸和杂志上经常看到“公司治理”这个词，英语是corporate governance，也可以翻译成“公司统治机构”。虽然有时候会翻译成“企业统治机构”，但是这样就会弄不清企业的统治和公司的统治之间的本质区别。实际上，公司治理原本是什么意思，在学者之间也存在很大的分歧。这里暂且简单定义为，它是为了股份公司能有效经营下去而研究应该如何统制经营者工作的问题。我认为这个是公司治理更狭窄的定义。

在私人企业和合营企业，应该如何统制经营者的工作问题，本质上来说是简单的。为什么？因为在古典企业中，老板是根据自己的意愿和经营者缔结的合同。所以，通俗来讲可以归结为企业的老板有没有能力制作出能把“胡萝卜”和“大棒”融合在一起的合同。这里所说的“胡萝卜”是指为了激发经营者的干劲而把他们的报酬和企业的利益连在一起的奖金制度等；而“大棒”则是指对经营者工作勤奋与否的检测和发现怠工时的惩罚条例等。不管怎样，这一切都要依赖于企业老板的手腕。一般而言，他们之间的合同关系是以追求自我利益为前提而缔结的。至于会产生什么样的效果，那应该是在他们自己责任的范围内要处理的事情。原则上，国家不便干涉。

与之相对，股份公司的经营者不是受股东委任的代理人，而是受到公司信任的信托受托人。其工作的管理，与古典企业相比，要有更为复杂的构造。

所谓信任的关系，因为受到信赖的支配，所以必然暴露于消极怠工和滥用职权的危险境地。如果做手术的医生偷懒，就给无意识的患者做马虎大意的手术。如果带有恶意，就会出现很多人体实验。

股份公司的经营者也是一样。毕竟公司本身只不过是一个观念性的存在，如果经营者偷懒，就会出现很多马虎大意的经营。经营者从事的一切活动都会被视为公司从事的活动，所以，如果经营者带有恶意，就会出现很多视公司为私有物的情况。即便是没有恶意，只要同一个经营者长期经营下去，也会逐渐带有或许公司归自己所有的错觉，这是极其自然的事。

那么，到底怎样做，才能防止这些信托受托人消极怠工和滥用职权呢？

首先可以说，通过合同来制约信托受托人的工作是不可能的。理由很简单，因为信任关系当事人之间缔结的合同基本上是信托受托人的“自我合同”。给无意识的患者做手术的医生只要想做，就可以制订很多适合于自己的合同。作为法人的公司缔结的所有合同只能通过经营者来签订，所以为了制约经营者的行为，公司与经营者之间缔结的合同，实质上是经营者与自己签订的。经营者如果只考虑追求自己的利益，就会制订很多适合于自己的合同。

自我合同是无效的合同，这是法律的大原则之一。通过合同制约信任关系的尝试，必然带有自我合同的要素，含有本质上的矛盾。不，在这里实际上有信任这一概念存在的理由，它在法律概念上和合同存在的理由有所不同。

因此，为了维持信任关系，必须要引进与以追求自我利益为前提的合同关系性质完全不同的原理。它无非就是“伦理”二字。

当然，受信任的人只要都富有伦理感，就会稳定地维持信任关系。因此，历史上很多专家集团都恪守职业伦理。众所周知，医生有希波克拉底誓言：“我愿尽余之能力与判断力所及，遵守为病家谋利益之信条，并检柬一切堕落和害人行为。”这在维持与患者的信任关系上有着重要的作用。

但不幸的是，人类的伦理感属于稀缺资源，并非人人都有。事实上，缺乏伦理感的医生用患者做人体实验的例子在历史上不胜枚举。更何况拿公司当牺牲品的经营者，真是数不胜数。因此，为了维持信任关系，有必要去除自由放任的原则，根据法律制定严格的章程。

也就是说，在通过双方自由协议而建立的合同关系中，会极力排除国家的介入。而在要求由一方到另一方单方面伦理感的信任关系中，不可或缺地需要以司法为中心的国家介入。

在日本与信任相关的法律还不健全，都是援引专门作为信任关系之一的信托相关的法律，其核心中带有信托受托人自动承担的“信任义务”。医生作为医生、律师作为律师、基金管理人作为基金管理人、监护人作为监护人、公司经营者作为公司经营者、财团理事作为财团理事，他们的义务是：第一，不是为忠实于自己的利益，而只是忠实于信任关系中对方的利益进行工作；第二，该工作必须在从各自立场出发要求的通常注意事项下进行。第一个义务被称为“忠实义务”，第二个义务被称为“注意义务”，各自是为了排除信任关系中滥用职权的危险和消极怠工的可能性。并且这两种义务虽然有程度上的差别，但都是让信托受托人具有一种伦理感。除此之外，在信任义务中还包括很多其他义务，其中最为核心的义务就是这两种。

信任义务不单是个条款，而且是带有法律强制力的规定，这一点很重要。它作为“强制法规”，优先于“任意法规”的合同。为什么？因为如前所述，通过合同制约信任关系的尝试必然包含自我合同的要素。因此，即使存在不要求信任义务的患者的合同和公司的章程，也是无效的。答应做信托受托人的人一旦不认真履行信任义务，即使存在那样的合同和章程，也会被视为违法行为而被诉诸司法判决。如果有罪，经营者就必须赔偿由自己的消极怠工和滥用职权而给公司带来的损失；如果情节恶劣，还会被问以背信弃义罪而收监。

这些经营者对公司承担的忠实义务和注意义务正是公司治理的核心。而这也正是经营者能够延续作为“社会的公器”的公司的生命，伦理意义上的义务。《公司法》中规定了忠实义务，《民法》中规定了注意义务。

股票期权与美式公司治理

近年来在日本的大众传媒中，作为经营者报酬的股票期权（优先认股权）成为话题。

股票期权是指在未来某个约定的日期以事先决定的金额从公司购买股份的“权利”。例如假设经营者在2010年1月1日拥有可以用10000日元行使权利的股票期权，如果公司的业绩良好，到2010年的时候股价涨到了15000日元，经营者会非常高兴地行使期权的权利，以10000日元的价格从公司购买股票。这样直接在市场上销售这些股份，就可以获利5000日元。如果股价不幸跌破10000日元，经营者也可以不行使期权的权利。这种情况下，虽然没有得到任何利益，但是也没有蒙受任何损失。也就是说，股价上涨就赚大了，股价下跌也不会有损失，这就是股票期权的得意之处。

近年来，股票期权之所以成为一个很大的话题，是因为它在美国被经济学家和经营者极力宣传成了公司治理最有效的手段。于是，日本也受到刺激，急速完善了相关法律，以便更为灵活地使用这个股票期权制度。

1932年，在已经成为经典的《现代股份公司与私有财产》(北岛忠男译，雅文堂书店，1958）这本书中，法学家阿道夫·伯利（Adolf A. Berle）和经济学家格迪纳·米恩斯（Gardiner C. Means）指出了“所有权与经营权分离”的问题。美国大公司的股份被分散到无数公众股东手中，而经营权却掌管在几乎不持有股份的专业经营者手中。经营者为了追求自己的名声和保住自己的权利去进行徒劳的投资，或者因担心失败而始终进行保守的经营，性质恶劣的情况下，或许还会偷窃公司的财产。即，专业经营者篡夺“股东主权”。因此，就有人提出一个问题：在所有权与经营权分离的过程中，如何才能拿回“股东主权”，让专业经营者忠实于股东的利益。这是美国公司治理理论的发端。

在美国，当初的公司治理制度也基本上是基于之前提到的信任法而制定的。即，让经营者承担忠实义务和注意义务等信任义务，主要通过司法来约束他们的行为。但是，进入20世纪70年代后半叶，里根政权诞生的同时，出现了急速扩大的自由放任主义的风潮，与之呼应，美国的公司治理制度出现了很大的变化。

股票期权这一想法实际上是简单明了的。如果“所有权与经营权分离”失去了“股东主权”，也可以不用“所有权与经营权分离”了。也就是说，如果把经营者作为股东，“股东主权”就会自动复活。如果至少把经营者的报酬与股票价格连在一起，经营者只是追求自己的利益，同时也会增进股东的利益。特别是以股票期权的形式获得报酬，经营者就会为了提升股价而诚心诚意地努力工作。

亚当·斯密在《国富论》一书中说道：“我们不求助于他们的博爱，而是求助于他们的自利心。”在资本主义社会，正是追求自我利益的主张，才增进了社会的整体利益。自此以后，亚当·斯密的这一主张成为美国的公司治理的基本理念，把经营者从他们对伦理性的思考中全部解放了出来。

实际上从20世纪80年代起，以和股价连在一起的奖金和股票期权的形式来支付经营者报酬的公司，在美国国内急速增多。结果，美国经营者的报酬，在这20年间高到匪夷所思的地步。据说日本的总经理与员工的报酬在税后平均有12倍左右的差距。虽说美国在20世纪50年代约有20倍的差距，但是这也的确太高了。根据《商业周刊》(*Business Week*）杂志最近的调查得知，这一差距，1990年上升到85倍，2000年竟然暴增至531倍。真是令人吃惊的自利心。这样看来，美国以经营者追求自我利益为撬杠的资本主义，就像被一只“看不见的手”牵引着，定能实现长期的繁荣。

不，就在不久之前，看似已经实现了繁荣。

安然事件与美式公司治理的失败

2001 年 12 月，安然公司倒闭了，刷新了之前大型公司倒闭的纪录。安然公司是把金融衍生品的方法应用在能源贸易中，实现瞬间发展，一时间成为美国第 7 大公司的大型能源商社。董事会招聘了以斯坦福大学教授为首的很多公司外部董事、委托了有名的安达信会计事务所进行财务审计，甚至有人说这种经营监察体制是美式公司治理的典范。

但是尽管存在这种监视体制，安然的经营者仍然利用大规模假决算去夸大公司利润，哄抬了股价，获取了巨额奖金。并且当这种不正当行为败露后，他们还合谋会计事务所销毁了证据。他们甚至在这种不正当行为公布于众之前，诱劝员工用各自的养老金购买本公司的股票，另一方面变卖了自己持有的本公司股票期权。由此，创始人肯尼思·莱（Kenneth Lay）等人竟然获利 1.23 亿美元（144 亿日元）！而很多员工却因此丢掉了工作，还丧失了积累的养老金。于是，在被粉饰过真相的利益之下，很多对此深信不疑的股东手中，也只是剩下了犹如废纸般的股票。

之后相继暴露了很多有名公司的假决算丑闻。2002 年 7 月，作为 IT 革命的宠儿被极端称赞的通信大亨世通公司也暴露了假决算丑闻，以此为诱因，美国出现了史上最大规模的申请破产现象。

就在不久前，美式公司治理制度还被视为国际标准而称霸世界，但却在刹那间信誉扫地。股票市场动荡，美元开始贬值，世界同时出现了萧条的可能性。现在我们对这一切都还记忆犹新。

为什么出现了这种状况？

这是因为美式公司治理制度在本质上是存在矛盾的。

第一，我将在第 4 章论述，冠冕堂皇的“股东主权”未必具有普遍性。这种情况我们或许已经从第 2 章连锁超市的股东吃了超市的苹果而被逮捕的事情中想象得到。

第二，第 3 章展开的公司治理理论已经明确指出，从伦理上解放了经营者的美国制度，忽视了古典企业的治理与股份公司的治理之间存在本质的区别这一事实，是理论上的谬误。实际上，它甚至可以说是导致股份公司毁灭的最准确的方法。

古典企业的经营者是老板的代理人。老板根据自己的意思和经营者缔结了合同。老板可以在合同中随意加入内容。为了激发经营者的干劲，把他们的报酬与企业的利润连在一起是最好的选择，那么就可以引进这种奖金制度。如果没有产生期待的结果，那么不过是企业的利润没有提高，只老板一人损失而已。

但是，在股份公司的治理中，情况就完全不同了。股份公司的经营者不是什么股东的代理人，而是公司的代表机构。公司的合同也只有通过经营者才能缔结。公司与经营者之间的合同，因此必然变成了经营者的自我合同。如果经营者只是考虑追求自我利益，就有可能制订出很多适合于自己的合同。因此，在股份公司经营者的行为中，要有一种伦理性。当然并非所有经营者都有伦理感，所以必须根据法律强制他们。这就是以忠实义务和注意义务为首的信任义务。这些义务必须是强制法规，要优先于任意法规的合同。

近年来，美国以和股价连在一起的奖金和股票期权的形式来支付经营者报酬的公司在急速增多。在这个背景下，经营者签订的自我合同受到质疑。它伪装成“股东主权”，捏造了不是让公司的利益最大化，而是让自己的利益最大化的报酬体系。结果他们的报酬是员工的531倍，真是个天文数字。

可以说进一步，在原本股份公司中所有权与经营权分离的背景下，伴随着经营的复杂化，经营活动也变得专业起来。正因为经营者是专家，所以在公司的活动方面掌握了比外部股东更加详细的内部信息。但是在美式公司治理中，经营者反而因为发挥了亚当·斯密所说的“自利心”而受到奖励。给这些经营者大量的股票期权，无非是招致他们进行不正当行为的请柬而已。

并且，安然公司的经营者掩饰了公司的业绩，哄抬了股价，抛售了自己持有的股票，敛取了巨额财富。具有历史性讽刺意味的是，牺牲的不仅是失业的员工，还包括通常情况下应该实现利益最大化的普通股东。

安然公司的倒闭是美式公司治理制度否定公司是“社会的公器”的必然结果。

我们再来确认一次，经营者之于公司的忠实义务和注意义务才应该是所有公司治理制度的核心。这两种义务肯定是从经营者是作为“社会的公器”的公司的信托受托人这一事实中产生的必然要求。

公司治理的实际情况（1）：股东代表诉讼

但是，无论忠实义务和注意义务再怎么是公司治理的核心，要想由检察当局立即揭发并全部由法院来裁决经营者是否违反了信任义务，都应该有一个庞大的司法制度支撑。但是，特别是在司法人员很少的日本，可以说这是不可能的。

因此，在《公司法》中，为了辅助原本由司法承担的这个功能，就要设置股东代表诉讼制度。

股东代表诉讼是指股东为了公司的利益，代表公司向法院起诉违反信任义务的经营者的诉讼形态。这本来是检察当局要做的工作，但是在公司外部的检察官收集相关信息极其困难，所以，如果由比较容易获得经营者工作状态相关信息的人代行办理，就非常省事了。董事、审计员和股东就是这类候选人。但是，就像接下来论述的一样，董事和审计员的职责在于统制经营者的工作。所以最终专门承担这一职责的是股东。

在这里必须要强调，股东不是为了自己的利益而起诉，而是为了公司的利益，代表公司进行起诉。因此，即使胜诉了，经营者支付的损失赔偿金也要归公司所有，一分钱都不会直接进入去起诉的股东的钱包。当然，说到如何分配这些赔偿金，去起诉的股东的钱包会稍微宽绰一些，但是如果持有的股票较少，那也真的是微不足道。

这从事物的性质上来说是理所当然的。为什么？因为经营者违反信任义务，无非是经营者不再代表原本理应代表的公司。因此，进行代表诉讼的股东是代替经营者，毛遂自荐接受公司信任的人。他不是为了追求自己的利益，而无非是一种为了公司利益的伦理性行为而已。

但是，这里还是存在与信任关系扯不清的滥用职权的可能性。我事先表明，现实中的股东代表诉讼，不是为了公司的利益这个原本的目的，而是假借公司利益之名，滥用意识形态的手段或敲诈勒索的手段，这种危险是有的。

除此之外，在《公司法》中一般还会设置一些以统制经营者工作为目的的规定。在日本的《公司法》中，董事会和审计机构这两个制度就相当于这个作用。

公司治理的实际情况（2）：董事会与审计机构

如前所述，在以前的《公司法》中规定，股份公司必须设置代表董事。说得稍微详细一点，就是上市的大公司首先必须要设置董事会，由股东大会选出董事会成员。于是，该董事会要承担的职责是：第一，要决定公司重要的业务；第二，要选出代表公司实际执行业务的代表董事；第三，要监督代表董事执行业务的情况。

我们必须要注意的是，作为董事会成员的董事和董事会选出的代表董事在字面上很容易混淆，而在法律上应该严格区分开。事实上，董事会的职责是为了维护公司的利益，监督以代表董事为首的公司经营层的工作状态。

但是，这始终只不过是个原则而已。代表董事原本意味着由董事会选出承担代表公司职责的人，但是不知道从什么时候起，在日本的公司却意味着他们是董事中具有较高地位的代表人物了。而且其中地位最高的人叫董事长总经理。我下一章将详述，在日本的很多公司中，股东的力量薄弱，原本应该由股东大会决定董事人选的权力，实质上掌握在总经理手中。并且，原本应该由董事会决定下一届总经理人选的权力，实质上也掌握在现任总经理的手中。众所周知，很多日本公司的董事会成员，是在公司员工的晋升竞争中获胜的“职工董事”或者“职工经营者”，让他们去有效审查选任自己的总经理的工作，简直是无稽之谈。

而且，日本还有独立于公司之外的制度——审计制度。在日本，除了之后论述的设有委员会的公司以外，公开发行股票的大公司必须要有审计委员会。赋予审计员的职责是审查经营者的工作有没有违反法令和章程，或者有没有出现严重的不正当行为。

但是，在此之前人们对审计员的普遍认识是：这是对在公司内部晋升中未能成为董事的员工的补偿之举，其人事权无一例外地被总经理独占着。结果，每当有公司倒闭的时候，新闻报道都是一贯去指责审计员的监查是多么草率和粗糙。

2002年日本的《公司法修正案》中，在以前类型公司的基础上，日本选择了美式经营者模式，分离了执行董事和董事会，从2006年的新《公司法》开始，称这类公司为“设有委员会的公司”。在设有委员会的公司中，公司的实际经营由执行董事承担，经营的代表权也由“代表执行董事”掌控。与之相对，董事会分到的职责是监督执行董事。具体而言，董事会的主要工作：第一是决定公司的主要业务；第二是从执行董事中选出代表执行董事；第三是设立提名委员会、审计委员会、报酬委员会3个委员会，分别专门负责提名执行董事、审计业务、决定报酬等事项（因此，设有委员会的公司不能设置审计委员会，也没有代表董事之类的职位）。而且，各个委员会半数以上的成员都必须是“公司外部董事”。这是一种尝试，它通过让公司外部人员加入由内部晋升人员占据的董事会，收回一部分监督经营者工作的原本职责。但是在美国，公司外部董事是否真的能提高公司经营的效率，根据几个实证研究发现，大多对其效果持怀疑态度。并且，安然事件也以其最具戏剧性的形式向世人表明了这一点。这种新的构造到底在日本普及到了什么程度，起到了多少实质性的效果？可以说尚不可知。2008 年 7 月，选择这种新的公司形态的日本企业才不过 10 家左右。但是正在一点点增加却是事实。

总之，董事的监督和审计员的监查理应是日本公司治理的重要支柱，但在现实中却徒有其表。而且，并不是日本才有这种情况。有人指出，在具有与董事和审计员相似制度的外国，也存在同样的情况，只是程度上存在差别而已。

公司治理的实际情况（3）：股票市场、主银行、员工、政府机关

因此，近年来，除了《公司法》中明确记载的制度之外，还存在起到公司治理作用的各种构造。

首先，存在股票市场中的公司掳掠者。他们不断寻找由于经营者的无能或玩忽职守让股价跌破成本价的公司。一旦找到这些公司，他们就会最大限度地买进公司的股票，掌握股东大会的统治权，取代现有的经营者，安插更有能力和干劲的经营者。如果能顺利恢复公司的业绩，提高股价，他们就把买进的股票全部抛售掉，以此大赚一笔。据说这种公司掳掠者对经营者的工作造成

了很大的压力。但是，我在之后的第4章将论述，在日本的公司中，这种通过股票市场操控的公司治理，之前几乎没有什么用处。

其次，存在主银行。我前面已经论述过，很多日本的公司有——不，都有过一个保持长期密切关系的主银行。主银行是以和公司的长期借贷关系中获得的信息为基础，对其经营方针给予建议，当公司陷入危机的时候，作为实际上的持有人，进行紧急融资并派遣新的经营层，试图重建公司的核心般的存在。据说日本公司的这种主银行制度，在实际的公司治理中发挥了有效的作用。

再次，存在员工的“声音”。通常情况下，日本大公司的工会采取各个公司组建的形式，其成员是终身雇佣制度下的正式员工，他们期待今后也能在相当长的时间内为一家公司工作。并且，很多经营层员工是曾经在年功序列制①之下公司内部晋升的员工。因此，只要公司经营层不是过于不合规则，工会都不会采取与其敌对的行动，而是通过以团体交涉为主的各种途径，从公司内部选择影响经营层实施方针的策略。这无疑也是公司治理的构造之一。

此外，据说所辖政府机关也是日本公司中公司治理的重要一

① 年功序列制：日本企业的传统工资制度，是指员工的工资随着员工本人年龄和工龄的增长，按照一定的序列而每年增加的制度。

环。方才已经说过，（据说）主银行制度在日本的公司治理中起到了核心作用，但实际上，主银行自身的统制，是通过各种各样的金融制度和行政指导，由旧大藏省实行的。而且在重新调整省厅①之后，金融厅承担了一部分职能。在这个意义上可以说，日本以前的公司治理的决定力量是国家官僚。

但是，上述公司掳掠者、主银行、各公司的工会和所辖政府机关等，都是带着异于公司的目的进行行动，而又各自独立的个人或组织。因此，它们的介入和施压，是否真正能够左右经营者，让公司朝着正确的方向前行，我深表怀疑。事实上众所周知，在“迷失的10年”中，主银行制度很明显没能起到之前的作用，曾深信其为后盾的以旧大藏省为主的国家官僚，原本就没有进行公司治理的意思和能力，这一点显而易见。

公司治理原本是从公司这一构造具有不是待之以“人”而是法律上的“人”的不可思议的性质中诞生出来的。

我们赖以生存的资本主义经济，通过活用公司构造，实现了惊人的发展。但是，与此同时，在以追求个人利益为前提的资本主义经济正处于繁荣的时候，我们又不得不引进经营者的伦理性这个与之矛盾的原理。因此，关于公司治理，不可能有唯一的“正确答案”。我们需要在理解它带有本质性困难的基础上，只好去顺应时代和社会的发展，不断改良公司治理的方法。

---

① 省厅：带有“省”和“厅”的日本政府机关的总称。

公司的种类

我之前把股份公司与私人企业或合营企业等古典企业进行了对比。但是实际上，公司的种类有 4 种之多，加上股份有限公司，还有无限责任合伙公司、有限合伙公司和有限责任公司。[①]以前，还有面向资本金 300 万日元以下的中小企业，把股份公司小型化的有限公司制度，但是在 2006 年《公司法修正案》中被废除，统一更改为股份公司。现在，有 1 日元的资本金也能成立股份公司。

无限责任合伙公司，是具有法人资格，但股东对全体员工和公司的欠款负有无限责任的公司。它虽然叫公司，但在很大程度上含有私人企业或合营企业的要素。

有限合伙公司有两类股东：一类是实际从事经营的股东，对公司的欠款负有无限责任；另一类是只负责出资的股东，对公司的欠款只负有有限责任。它可以被视为合营企业和股份公司的组合形态。

虽然在外国也有相似的无限责任合伙公司和有限合伙公司的

---

① 在日文中，股份有限公司被称为株式会社，无限责任合伙公司被称为合名会社，有限合伙公司被称为合资会社，有限责任公司被称为合同会社。

制度，但是日本的情况稍显特殊。明治时代在法律上完善公司制度的时候，存在三井和三菱等大财阀，形成了日本资本主义的核心。有限合伙公司和无限责任合伙公司实际上带有配合这些财阀各自情况而制定制度的色彩。它们分别是符合三井财阀总部的情况而成立的无限责任合伙公司，和符合三菱财阀总部的情况而成立的有限合伙公司。

如前所述，到了股份公司时期，所有股东对公司的欠款只负有有限责任。于是，经营者与股东被进一步严格区分开来。实际上，在《公司法》中甚至存在相关条款，规定即使制作了经营者必须是股东的章程，也是无效的。

在这里或许存在如下疑问。股东的有限责任制只不过是公司即法人的另一种说法而已，但是，无限责任合伙公司和有限合伙公司虽然完全具有法人资格，但是为什么其中存在负有无限责任的股东呢？

如果在无限责任合伙公司和有限合伙公司中，经营者个人对公司的欠款出资进行担保的话，那么应该会消除这个疑问。因此资本金少的公司就很容易从外部借到钱，也会提高公司的信用。

最后是日本在2006年《公司法修正案》中新加入的有限责任公司，它效仿了美国的LLC（Limited Liability Company），和股份公司一样，所有出资人只承担有限责任。但是和股份公司不同的是，出资人一旦出资，就难以将其出资的份额转让给别人，不过可以比较自由地决定出资人之间的权利和义务。如果这种构造运用得好，就可以（在原则上）形成一些人投入知识和能力、而另一些人出钱的公司形态。《公司法修正案》以来，这种类型的公司数量激增。到 2007 年年末，日本约有 123 万家股份公司、1300 家无限责任合伙公司、8000 家有限合伙公司和 950 家有限责任公司。

接下来，我再来谈谈股份公司。

员工是公司外部的存在

看一下股份公司的构造，我们发现，首先在顶端有很多股东，他们持有作为“物”的公司；其次是作为“人”的公司持有各种各样的资产；然后是代表作为“人”的公司，以进行公司经营的代表董事为首的经营者，还有监督经营执行情况的董事和审计员。正因为是公司，所以这些人都是法律上必不可少的公司“内部”人员。

那么，在公司办公室和工厂忙得不可开交的员工，到底是个什么样的存在呢？

在《公司法》中，员工是公司“外部”人员。他们只不过是和作为法人的公司缔结雇用合同的存在。在这个意义上来说，他们和原材料的供应商、产品的消费者或金融机构没有什么差别。

但是在这里有一个悖论。通常情况下，日本把公司的员工叫作“职员”[1]。但是，看一下《公司法》就明白，“职员”这个词真正的意思是指公司的持有人——股东，在日本本来是相对于公司外部员工而使用的，真是不可思议。想一想为什么？我们脑海中就会浮现出日本资本主义，特别是日本公司的特质。

从下一章开始，我决定思考日本公司的特征问题。

---

① 针对本书原文中出现的“従業員”“サラリーマン”“社員”3个词，译文中分别翻译成“员工”“职工”“职员”。

第 4 章

法人争论与日式资本主义

日本公司的特殊性与普遍性

日本公司的特征，如下所述：

第一，与欧美相比，日本很多公司的股东缺乏说服别人的能力，在公司经营中几乎难以插嘴；第二，日本很多公司的经营者都是通过公司组织内部的晋升竞争从员工中选拔出来的，从事的经营活动，不是为了收益率，而是旨在公司组织自身的扩大；第三，日本公司的核心员工受到终身雇佣制、年功序列制、公司工会的保护，对公司有着强烈的归属感；第四，在日本公司的生产、流通、开发等现场，比起上下级的命令指挥系统，共享信息的员工之间更加重视非正式的关系；第五，日本的很多公司都有一些团队，共同持有相互间的股票，长期维持着平行的聚合关系；第六，日本的很多公司，自己处于顶点，长期维持着不断向下承包的垂直的聚合关系；第七，日本的很多公司主要从保持长期借贷关系的主银行那里筹措资金……

以上多少有点教科书的味道，但却是日本很多公司的特征。“日本式经营”这个词汇到底是什么意思？不同的评论人会有不同的观点，但是肯定都是上面所列的七个特征中的几个。

不过，我们必须要注意的是，这些特征主要是针对大公司，而中小规模的公司，未必全都符合。在日本的中小型公司中，经常见到有实力的股东掌握着经营主导权的情况。并且，日本大公司的最大优点之一是，在聚合关系中自下而上支撑它的很多中小型公司的技术水准很高，这也是众所周知的事实。但是，由于篇幅的关系，以下主要针对大公司做进一步论述。

这种日本式公司的形态，与美国或英国之类的公司相比，有着明显的区别。因此，以前很多经济学家和公司法学家曾经主张，正因为日本的公司与美国或英国的公司不同，所以它才得以从公司的本来形式中脱离出来。换句话说，日本的公司要么不是资本主义式的，要么与公司法的逻辑相矛盾。我还在题目为《作为员工管理企业的日本企业》的论文中表示过，日本企业与曾经的南斯拉夫的员工管理企业有类似之处。

但是，我接下来想表达的是，日本的公司既不与资本主义相矛盾，也不与公司法的逻辑相矛盾。我想说的是，在公司法本身中，作为资本主义企业的一种形态，原本就存在着产生日式公司的构造。

公司制度，不仅有被视为国际标准的美国“股东主权”式公司体系，还有日本的“公司共同体”式公司、德国的“劳资参与”式公司，甚至还有意大利、韩国和二战前日本那样的“家族”式财阀体系，这些都是可行的。

日本式公司的形态的确很独特，但是它并没有脱离公司的制度，只不过是公司制度的各种可能形态之一。所以，它不是脱离，而是一种普遍的形式罢了。

但是，我在这里主张的日本公司是一种普遍形式，并不是想把日本公司标榜成任何理想的存在，也不是想主张说日本公司比美国公司在经济效率方面有多优秀，这只是我从不带有价值判断的、纯理论的立场上进行的主张。并且实际上，从纯理论的立场阐明日本公司是一种普遍形式，会给我们提供一个重要线索，便于思考21世纪的公司到底是什么样的。

“法人名义说”与“法人实在说”

在思考日本公司的特征之前，我们再来回顾一下“法人是什么”这个问题。

法人是个不可思议的存在。因为它本来不是“人”而是“物”，却在法律上被视为“人”，有着既是“人”又是“物”的双重性。当然，它毫无疑问是人类制造出来的制度。但是夸张一点说，人类到底应该如何理解这个被制造出来的法人制度，自它诞生之日起就对此感到困惑不已。具体而言，人类从罗马时代就开始发问“法人的本质是什么”，并对此答案而争论不休。这就是法学历史上被称为最大争论之一的“法人争论”。

这一争论基本上是在被称为“法人名义说”与“法人实在说”的两个立场上展开的（实际上，历史上还存在第三个立场——“法人拟制说”，为简便起见，在此忽略掉这一立场）。

“法人名义说”指仅把人的集合体赋以“法人”名称的学说。具体而言，当人类聚集在一起形成团体的时候，把所有集合人的名字全都写下来比较麻烦，所以为方便起见，给这个集合体起一个名字。该学说主张这个名字只不过是法人而已。所以，不管是什么样的法人，最终都能够还原成其成员之间的关系，不实际存在独立于成员之外而作为“人”的法人。

“法人实在说”主张，法人不单单是为方便起见给人的集合体起个名字，其本身也是一个社会性的实体。法人具有超越各个成员的实体性，在社会中具有思想和目的，可以像人一样行动。法人在法律上被视为“人”，只不过是反映了它可以在社会上被作为实际的人进行行动。

逾越千年的这一大争论，直到今天还没有尘埃落定。

实际上,“法人名义说”与“法人实在说”之间的争论，自中世纪经院哲学以来，一直等同于令哲学家困恼的“共相之争”。“唯名论”强调共相概念只是一个单纯的名字，不独立于构成它的各个事物之外而实际存在,“实在论”则主张共相概念是独立于各个事物的一种实际存在，凌驾于单纯名字之上,“共相之争”就是这两者之间的争论。这一哲学上的大争论直到如今还在持续。在这个意义上来说，法人争论也像“共相之争”一样深不可测。

但是，我在这里想对法人这个大争论做个“了断”。不过，不是要判决哪一种学说正确，而是要同时判决两种学说都正确。究竟能不能如愿以偿，请大家拭目以待。

图 6 与表示股份公司基本构造的第 2 章的图 3 完全一样，描绘的是，股份公司是在股东以“物”持有作为法人的公司，同时作为法人的公司以“人”持有公司资产的双重持有关系上成立的。

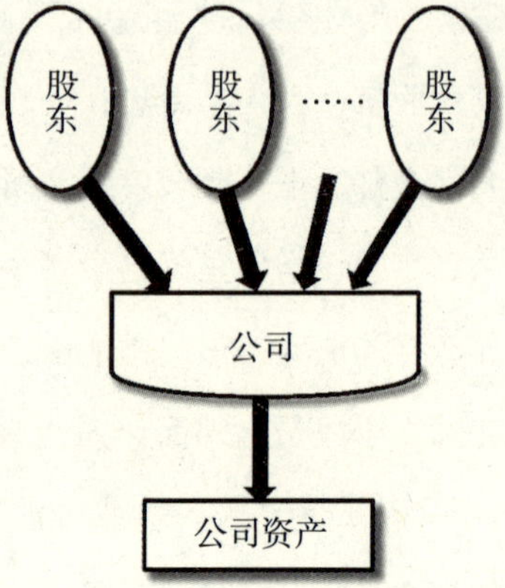

图 6　股份公司的构造

只看这个双重持有关系的上半部分，公司这个法人看起来不过是被股东持有且统治的“物”而已，并且，公司这个法人如果只是被股东统治的“物”的话，那么它即使持有公司资产，也始终只是名义上的持有而已。即，看起来“法人名义说”是正确的。

另外，只看双重持有关系的下半部分，公司这个法人看起来的确是持有并统治公司资产的“人”。它是不受他人统治、自身具有思想和目的的存在。即，看起来“法人实在说”是正确的。

我们重新从第 2 章展开的“法人论”立场来审视一下法人争论就会明白，这一争论归根结底必然诞生于法人既是“人”又是“物”的双重性存在之中。忘记法人的人性，只强调物性是“法人名义说”；忘记法人的物性，只强调人性是“法人实在说”。

但是只靠这些，我们不能同时判决“法人名义说”和“法人实在说”正确，为法人争论做个了断。为什么？我们来整体看一下图6就会清楚，虽然说公司是“物”，但是却持有公司资产，所以并没有丧失“人”的性质；虽然说公司是“人”，但是却被股东持有，所以也没有完全丧失“物”的性质。公司这个法人，无论是作为“物”还是作为“人”都是不纯粹的。

但是，我接下来想表达的是，在公司制度中同时引进把公司这个法人纯粹当作“物”的构造和把公司这个法人纯粹当作“人”的构造的情况。

我们首先来看一下把公司纯粹当作“物”的构造。

把公司纯粹当作“物”的方法

大家都知道把公司纯粹当作“物”的方法。某个人单独或者几个人形成一个小组，买断公司50%以上的股份，股东大会基本上是按照少数服从多数的原理，所以，他们可以由此完全控制股东大会的决议。

持有公司50%以上的股东叫“控股股东”，但是在《公司法》中有保护小股东的规定，他们要想100%控制股东大会，就要持有超过50%的股份。然而同时，在小股东中也有很多完全没有参加公司经营意愿的休眠股东，所以实际上，即使持有50%以下股份，也确实能够控制股东大会。

总之，无论是让自己成为代表董事，还是根据自己的意图提拔代表董事，控股股东都能够完全主宰董事会。这样一来，他们可以完全统治公司的经营，也可以将公司资产像自己的资产一样自由处置。也就是说（如图7所示），控股股东实质上可以与拉面店的店主或蔬菜店的夫妻等私人企业或合营企业的持有人一样处于相同的地位。

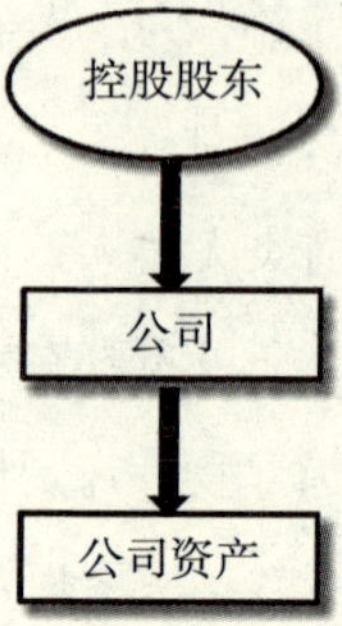

图7 “法人名义说”式的公司

结果，法律上持有公司资产的公司，实质上完全丧失了作为“人”的作用。它变成了控股股东自己意愿的“物”，只是个名存实亡的存在。

这是“法人名义说”主张的把公司纯粹当作“物”的构造。

现代意义上的公司，其起源据说是16世纪的东印度公司，而最初在法律上出现明确有限责任制的股份公司，是在1811年美国的纽约州。并且，在之后的整个19世纪，股份公司在发达资本主义国家之间急速增加，而大部分都是“名义说”式的公司。有实力的家属及其关系人，持有公司几近100%的股份，要么亲自经营，要么让受自己庇护的人做经营者，实际上统治着公司。

但是，在19世纪最后25年里，伴随着资本主义经济的重化学工业化的急速发展，只靠少数有钱人持有的资产，已经难以提供一个公司经营所需的资本金。因此，很多需要大规模机器设备的公司，不得不通过股票市场，从只有少量资金的普通群众那里搜集大量资本金，结果就开始了所谓的“所有权与经营权的分离”。持有公司的是对经营难以插嘴的无数小股东，而经营公司的是几乎不持有股份的专业经营者。如第3章所述，伯利和米恩斯在1932年出版的《现代股份公司与私有财产》一书中指出，到20世纪20年代末，美国约半数营业公司，被几乎不持有股份的专业经营者控制着，这一言论引起过轩然大波。而之后也有报告称，所有权与经营权分离的倾向没有减退，反而在20世纪70年代末，美国除了金融机构之外的最大的2000家公司中，竟然有80%以上的公司在专业经营者的控制之下。这种情况不只是发生在美国，同样的倾向还出现在包括日本在内的很多发达资本主义国家。

并且，在这种倾向中，股东自己控制经营的“法人名义说”式的股份公司，已经成为过去，只在中小企业中才能看到。

但是，历史未必是直线式前进的。到了20世纪后半叶，“法人名义说”式的公司，再次出现在资本主义的最前线。它以收购公司（Merger and Acquisition = M&A）的方式主要活跃在美国和英国的股份市场。在这里，所谓的公司掳掠者大显身手、极其活跃。

公司的掳掠者

公司掳掠者的手段是低价买进、高价卖出公司。这实际上是巧妙利用了股份公司建立在双重持有关系上这一事实。

股份公司建立在双重持有关系上，意味着在股份公司中存在着两种性质不同的“物”来作为这两个持有关系的客体。我们再来看一下图 6，就会立马发现这两种“物”。其一当然是公司资产，其中包括机器设备、建筑、工厂、土地等有形资产，还包括专利、许可证、品牌等无形资产；其二是作为“物”的公司。如前所述，股票无非是把作为“物”的公司分成很多份，变成便于拿到市场上销售的东西。也就是说，公司的资产和公司的股票，是股份公司中的两种“物”。

在资本主义经济中，一切“物”都有价值。因此，公司中的这两种“物”意味着有两种不同的价值，即公司的资产价值和股票价值。

公司的资产价值，顾名思义就是指公司资产的价值。它在经济学上被定义为，在最有效运营公司资产的时候，该资产具有能为未来生出预想收益的现有价值。简而言之，公司资产是潜在的总价值。在公司金融理论中，该价值被称为公司的基本价值。

而公司的股票价值，即公司股票的价值。它是在股票市场中每日选定的股价总额，即作为“物”的公司的总价值。

如果这两种价值保持一致，就什么事都不会发生。但是，公司的股票价值往往背离公司的资产价值。其中有很多原因。其一，存在股票市场的投机行为。每日的股价会因此狂跌或暴涨，反映不出公司资产的潜在价值。所谓股票价值的泡沫，就是公司的股票价值大大高于资产价值，泡沫一旦破裂，公司的股票价值就会大大低于资产价值。其二，由于经营者的消极怠工和无能，公司的资产有可能不会有效运营下去。公司的收益会因此降到公司的实力以下，公司的股票价值也会低于公司资产的潜在价值。

公司掳掠者实施的第一步是找出股票价值大大低于资产价值的公司。假如他们顺利找到了这样的公司，就向这类公司的股东大量收购公开发行的股票，着手“要约收购”，英语叫 TOB (Take-Over Bid)，意思是在报纸等媒体上发广告说以什么价格收购想要收购的公司股票。他们此时出示的收购价格，一般会设定成比现行市场价格高的价格。如果 50%以上的股东想着比市场价格高索性就卖了吧，那么 TOB 就算成功了。

如果能顺利把 50%以上的股份掌握在自己的手中，那么公司掳掠者就成了控股股东，可以自由处置公司的财产。他们如果想尽早回收收购资金，就要从股票市场上提升公司，然后把所有资产尽数卖掉。但是这种情况下，如后所述，作为组织的公司就会基本上丧失掉积累的所有无形资产。因此在通常情况下，公司掳掠者会赶走现有的经营层，委派具有更好经营业绩的经营层进来，以图重建公司。这样一来，他们等到重建计划成功，公司的业绩开始好转，预计股价能反映出公司资产潜在价值的时候，再卖掉持有的股票。

此时，公司的潜在资产价值与要约收购时的股价之差，就是公司收购活动中的基本套利。当然，他们在TOB时必须要出示比市场价格高的价格，所以这里必须要扣除超额金。如果他们从银行借了收购资本，还必须要扣除银行利息，此外还必须要扣除律师咨询费等各种手续费。但是，如果公司的资产价值大幅高于股票价值，这种掳掠公司的方法，会让公司掳掠者获得巨大的利益。

实际上，在上述收购公司活动中，存在一个变戏法般的筹措资金方法。该方法被称为“融资收买”(Leveraged Buyout)，简称LBO。所谓Leverage，是指可以用很小的力量撬起重于自己几十倍东西的撬杠，所以，该方法是指用自己很少的资金收购（Buy-out）大公司的方法。

如果他们收购失败，就用不到收购资金了，所以原封不动地还给借钱的人就可以了。如果收购成功，公司掳掠者就成了控股股东，成了公司资产的实际持有人，所以，他们只要原封不动地把作为担保的资金交还给借钱的人，就算完成了偿还欠款的任务。当然，比起原封不动地交还公司资产，使用这些资金提高利润会产生更大的价值，所以他们通常都不会这么做……也就是说，无论收购失败还是成功，公司掳掠者都不用自掏腰包，一旦成功了，就会获得巨大的收益。这真是无中生有，就像变戏法一样。因此，胜败不仅取决于他们如何说服投资银行和融资团体，还取决于在说服之后怎样从彼此应得的份额中做到对自己有利。难怪时下盛行用这种方法收购公司。

公司掳掠者的活动遵循低价买进、高价卖出的商业资本主义的原理。他们的动机归根结底是金钱欲、权力欲、表现欲。实际上，很多公司掳掠者是杂志和报纸上经常成为话题的难对付的主儿。不管动机如何，但是作为客观结果，他们的确让"法人名义说"式的股份公司扩大到了全世界。作为掳掠对象的公司，成了掳掠者的"物"，沦落成了公司资产名义上的持有人。

即使现在没有成为被掳掠的对象，掳掠者在股票市场中相当活跃的事实，也会对公司的经营者造成无形的压力，以防止公司的股价不太会低于公司的资产价值。结果，公司至少有一部分抹掉了作为"人"的性质。

这种掳掠公司的方法，近年来盛行于美国和英国的股票市场。特别是20世纪80年代，美国和英国称之为"M&A热潮"的10年。当然，它在21世纪还会三番五次地兴风作浪。总之可以说，这种M&A活动让美国和英国的资本主义成为某种程度上"法人名义说"式的资本主义。

那么，这种公司掳掠者的活动让法人争论最终以"法人名义说"的胜利而告终了吗？

答案是“不”。

我接下来论述把公司纯粹当作“人”的方法。

控股公司

在解释把公司纯粹当作“人”的方法之前，首先解释一下控股公司是什么。

其出发点依然是公司中的双重持有关系。

“人”不能持有“人”,“人”不能被“人”持有。这是现代社会的原则。“人”持有“人”是奴隶社会的行径。

但是，在引进法人制度的时候，必然会产生推翻现代社会原则的构造。因为作为法律上的“人”的公司，同时也是法律上的“物”。在原理上来说，作为法律上的“人”的公司有可能持有作为法律上的“物”的其他公司。至少在法律上来说，有可能“人”持有“人”,“人”被“人”持有。

在欧美文化中，特别是在个人主义色彩浓重的盎格鲁-撒克逊文化中，作为违反现代精神、令人作呕的概念，人们对本来不是“人”的“物”待之以“人”的法人，有着强烈的抵触情绪。无论在英国还是在美国，信托制度取代了原本应该是法人组织的制度并且长期实行着。但是，具有讽刺意味的是，如刚才所说，引进明确有限责任制的最初的《公司法》，的确是在带有一些盎格鲁-撒克逊文化的美国纽约州。并且以此为契机，股份公司在全世界普及开来。

如果法人这一概念令人作呕，那么作为法人的公司持有其他公司的行径就更加令人作呕。因此，股份公司制度广泛普及后，社会上也长期存在抵抗公司持有公司的现象。但是，更加具有讽刺意味的是，最初允许一家公司持有另一家公司的也是在美国。1889 年，美国的新泽西州制定了与“控股公司”相关的法律。

控股公司是以持有其他公司为目的而成立的公司。也就是说，这在法律上允许了作为“人”的公司以“物”持有其他公司。于是，控股公司一旦面世，它就会一下子扩大应用公司制度的可能性，瞬间普及到资本主义世界的每一个角落。

金字塔形的统治构造与财阀

第一，控股公司的构造会产生持有的连锁关系。假设一家公司是控股公司，那么它就可以作为“人”以“物”持有另一家公司。但是，如果另一家公司也可以作为“人”持有下一家公司，依次类推，公司都有可能依次持有公司（当然这种情况不可能放在真正的人身上）。并且，因为持有关系也是控制关系，所以它也是公司依次控制公司的统治连锁关系。

这里更为重要的是，没有必要 100%控制作为“物”的公司。

为什么？因为股东大会的原则是少数服从多数，所以原则上只要稍高于50%，就可以随意掌控股东大会了。也就是说，持股50%以上，就可能有100%的控制权。并且，很好地使用了这种持有与控制之间分歧的是金字塔型的层级控制。

请看图8。想象一下，有一家持有稍高于1亿日元资本金的控股公司，如果把这1亿日元分成两个5000万日元，分别购买持有1亿日元资本金的公司50%的股份，就可以控制两家有1亿日元资本金的公司了（本来是购买50%加上若干的股票才能控制这家公司，这里为了便于计算，忽视了这若干附加部分）。接下来，如果再把这两家公司的资本金分成两份，各自购买有1亿日元资本金的公司50%的股份，那么，就可以控制4家有1亿日元资本金的公司了。如此一来，持有的连锁关系就会由2层变成3层，由3层变成4层。那么相应地，由1亿日元资本金控制的资本金的规模，就增加到了2亿日元、4亿日元、8亿日元……例如层级数是4的情况下，位于最下层的所有公司的资本金就是8亿日元。这样就可以购买8亿日元的资产了。一般情况下，假设层级数为N，最上层的公司和中间层的公司全都是纯粹

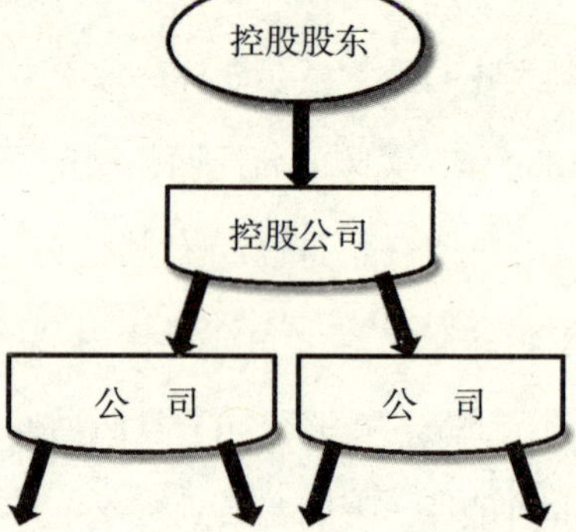

图8　公司金字塔型的层级控制

的控股公司，那么最上层的公司就可以最终控制价值为自己投入资本金的2×（N−1）的资产。

实际上，这种层级构造，结合后述的相互持股情况，可控制的资产价值就会变得更大，我在此省略与此相关的讨论。

总之，通过完成上述持有与控制的金字塔构造，最上层的控股公司，就可以控制几倍于或几十倍于自己资本金价值的机器设备、建筑、工厂、土地等资产。

众所周知，19世纪后半叶，爆发了所谓的第二次产业革命。资本主义急速朝着重化学工业发展，需要价格高昂的机器和大型设备。为了应对这种时代状况，就需要使用持有与控制的金字塔构造，而其中的翘楚是战前美国的托拉斯，德国的康采恩和日本的财阀。图9描绘的是三井财阀的控制构造，该图借用于高桥龟吉和青山二郎的《日本财阀论》(1938）一书。现在同样的构造也常见于现代、三星、LG、大宇等韩国财团和菲亚特、倍耐力、Falck等意大利财团中。

所谓控股公司，是指作为“人”的公司以“物”持有其他公司的公司。但是，虽说是控股公司，并非是彻底的100%的“人”。例如，即使在图9金字塔形的控制构造中，在作为纯粹控股公司的三井无限责任合伙公司之上，则由三井家族强势把控着，他们作为控股股东控制着三井无限责任合伙公司。

但是，如果很好地脱离这个控股公司的构造，这种方式就有可能是纯粹把公司当作“人”的更好的方式。

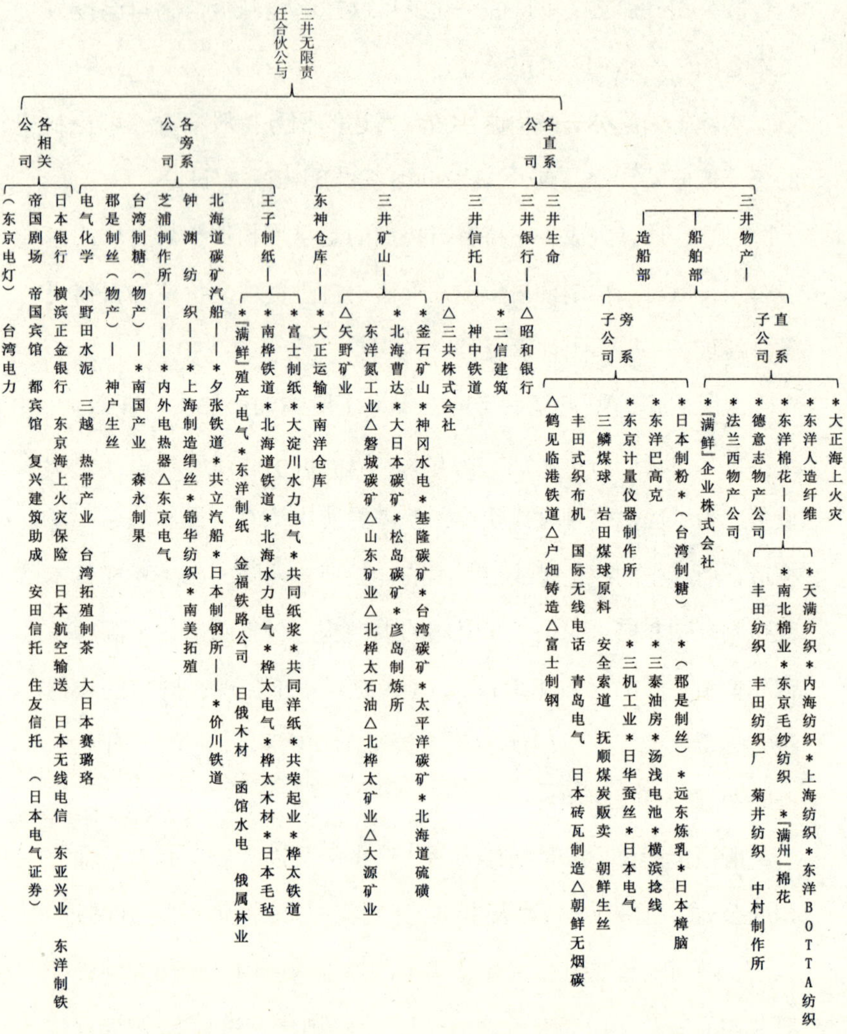

图 9　1937 年三井财阀的构造

图中＊表示三井绝对控制的公司；没有符号表示待控制的公司；△表示不太受三井控制的相关公司（作为参考未改动，此图引自高桥龟吉、青山二郎著的《日本财阀论》）。

把公司纯粹当作“人”的方法

所谓控股公司，就是作为“人”的公司以“物”持有其他公司。但是，公司既是“人”又是“物”，在原理上意味着公司不仅有可能持有其他公司，还有可能持有自己。也就是说，作为“人”的公司以“物”持有自己本身。

公司持有自己 50%以上的股份，就能够 100%控制股东大会的决议权。这样的话（如图 10 所示），公司就可以作为自己的控制者，完全脱离股东等其他人的控制。

所谓现代社会，是指由现代人构成的社会。所以，不受自己以外的任何人控制而独立地存在，是现代人的定义。也就是自己控制自己、不受他人控制的存在。在这个意义上来说，作为图 10 所示的自我控制者、完全不受他人控制的公司，至少在法律上是纯粹的“人”。法人制度可以说是在现代社会中，除了本来的人之外，还会产生出新型现代人的构造。

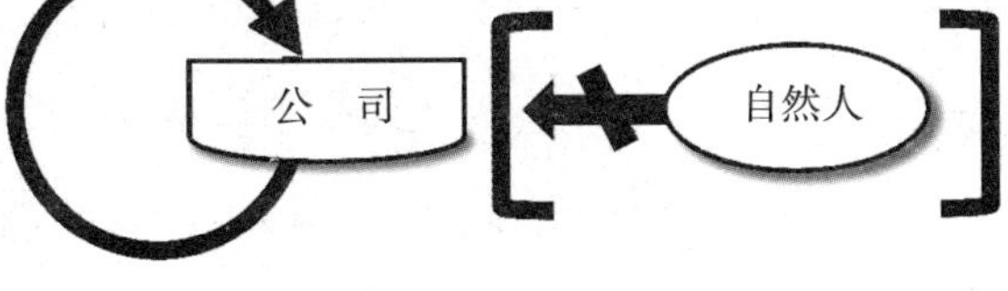

图 10　公司的自我持有、自我控制

但是在现实中，公司不可能原原本本地控制自己。

首先在一些国家的公司法中，禁止公司购买自己的股票。在日本一直到不久前都是禁止购买本公司的股票的。

但是，日本从2001年解禁了这一规定。而包括美国在内的很多国家，已经有相当长的时间是允许公司持有自己的股票的。但重要的是，在每一个国家持有本公司的股票，都成了“库存股”。这里所说的库存股，是指在股东大会的时候预留在金库里的股票。金库里预留的股票，不能参与大会决议。无论持有多少本公司的股票，都没有在股东大会上的决议权。也就是说，关于自己公司的股票，持有与控制没有关系。

这么说来，公司能纯粹作为“人”控制自己，只不过是不明白现实情况的学者骗人的鬼话。

实际上，这里存在一个把学者的鬼话和现实结合在一起的不可思议的方法。

图11是荷兰抽象派画家埃舍尔的名画复制品。右手在画左手，左手在画右手。结果，右手以左手为媒介在画自己，左手也是以右手为媒介在画自己。在公司中也同样有这种可能。

在图12中，有两个公司A与B，A公司持有B公司50%以上的股份；B公司也持有A公司50%以上的股份。这时A公司和B公司都完全没有直接持有自己公司的股份。但是，A公司实质上以B公司为媒介持有自己公司50%以上的股份；B公司也实质上以A公司为媒介持有自己公司50%以上的股份。因此，如果相互

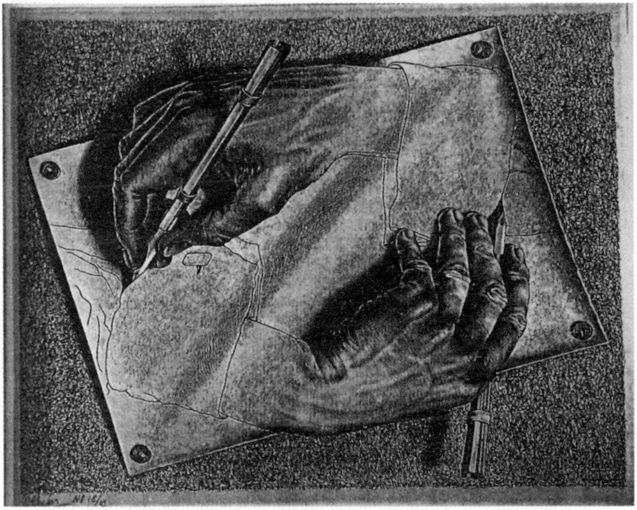

图 11　M. C. 埃舍尔，《手画手》（*Drawing Hands*，1948 Lithograph），

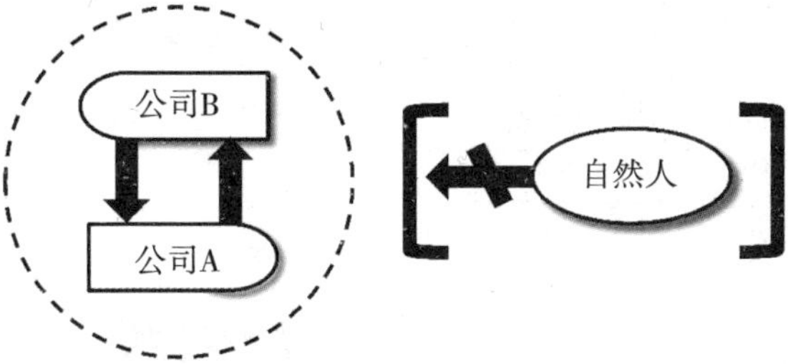

图 12　相互持有公司的自我控制

持有过半数股份的 A 和 B 两家公司联合起来，完全可以掌控各自的股东大会。即使外界的个人或法人来收购，也不能控制 A 公司和 B 公司。只要 A、B 两家公司之间没有内讧，抱作一团，就可

以脱离其他“人”的控制。与图 10 的自我控制相比虽然稍显弱势，即便如此，公司还是“人”。

但是，以上讨论也有点脱离现实情况。为什么？例如在日本的《公司法》中规定，子公司不能持有母公司的股份。这里所说的母公司是指持有子公司 50% 以上股份的公司。而且，在日本的《反垄断法》（第 11 条 1 项）中规定，银行不能持有其他公司 5% 以上的股份。在美国甚至规定银行完全不能持有其他公司的股份。但是，美国可以通过控股公司，持有其他公司最多 5% 的股份，所以从结果上来看，这和日本有着同样的限制。

在这种状况下，埃舍尔的画，其魅力看起来也会被法律的威力压个粉碎。但是，还有其他方法。

例如像图 13 那样形成一个由 12 家公司组成的集团，每家公

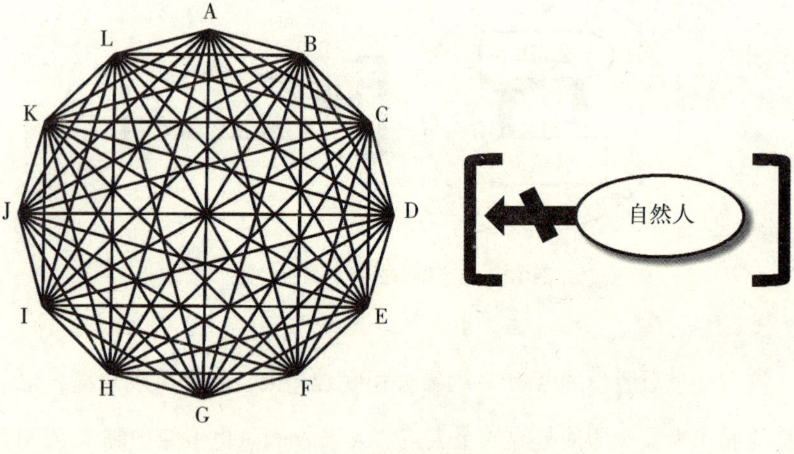

图 13　12 家公司相互持股情况

司各持有5%的股份。这样一来，自己公司的股份就被其他11家公司持有，共占55%（11×5%），已经超过了半数。由此作为一个集团，就有可能形成不受其他“人”控制的所有权结构。这是一种叫作“相互持股”的构造。

相互持股与日式公司体系

这里一个现实情况突然出现在面前。众所周知，战后日式资本主义的最大特征之一就是这个相互持股。就在不久前，出现了三井、三菱、住友、第一劝银、富士（芙蓉）、三和6家大公司集团，甚至还有很多中小规模的公司集团。它们以主银行为中心相互持股，极力排除来自公司掳掠者等外界的控制。由此，集团内部的各公司就可以作为某种“人”来确保公司自身的主体性。

战后日本的资本主义，是实现“法人实在说”的资本主义。

但是据说现在日本相互持股的情况正在崩溃。

第一，以银行合并为契机，6大公司集团正在重新组编成3大公司集团。它们一是以住友银行和三井银行合并成立的三井住友银行为中心的三井住友集团；二是以第一劝银、富士银行和日本兴业银行合作成立的瑞惠金融控股公司为中心的瑞惠集团；三是以东京三菱银行和UFJ银行合并成立的三菱东京UFJ银行为中心的三菱东京UFJ集团（三菱银行和东京银行合并成立了东京三菱银行，三和银行和东海银行合并成立了 UFJ 银行)。

第二，各个集团内部公司的相互持股比例在下降，还频繁出现越过集团的公司间的合作与合并。

第三，属于这些集团的公司在整个日本经济中所占的比重，从资本、销售额、雇用情况等任何一个指标上来看，都显示出下滑的趋势。

所以，日本相互持股的情况的确在崩溃。但是，至少在战后50 年间，存在过相互持股的体系统治日式资本主义的事实。这一点很重要，因为它意味着，公司自身纯粹发挥作为“人”的作用，是日式资本主义的最大特征之一。并且实际上，如后所见，在公司发挥作为“人”的作用这一情况中隐藏着一个问题的答案，即为什么在之前的日本，本来表示股东的“职员”这个词，指的却只不过是被雇用的公司员工。

总之，这里我对持续千年的法人争论做了一个“了断”。就像之前所说的那样，不是要判决哪一种学说正确，而是要同时判决两种学说都正确。能够表示出为什么要在公司制度中，同时引进了把公司纯粹作为“物”的“法人名义说”式的构造，和把公司纯粹作为“人”的“法人实在说”式的构造。并且也表明，所谓美国和英国的资本主义是通过活跃的公司收购活动，实现“法人名义说”的资本主义，而日本的资本主义则是通过相互持股，至少在战后 50 年间实现“法人实在说”的资本主义。

第 5 章

日式资本主义与职工

担负公司未来的职工

“职工”是指与公司缔结雇用合同，从公司定期领取工资的员工。

在新古典派经济学和马克思经济学看来，传统经济学框架中的职工只不过是劳动服务提供者。他们对于需要劳动服务的企业来说，只不过是外界的合同对象。但是，这种规定很明显不符合日本职工的实际情况。因为日本的职工，就像被嘲笑成“公司人”一样，是把自己与公司融为一体的存在。我认为，我们在日本想到“公司”的时候，很多情况下脑海中浮现出的不是股东，而是在办公室和工厂工作的职工。在这个意义上来说，职工不仅仅是他们个人的意识，甚至是整个日本社会都把他们视为公司内部的人。

20 世纪 80 年代，把员工只视为劳动服务提供者的传统职工观出现了反作用，日本式的经营开始繁荣，时针完全倒转起来，“人本主义”这个词风靡一时。我之前也写过把日本企业视作南斯拉夫类型的员工管理企业的论文（但是，它却没有风靡起来）。我在论文中主张，员工才是日本大公司真正的持有人，而不是股东。

我认为，比起以前把日本的职工视为公司外部人员的经济学观点来，把日本的职工视为公司真正持有人的员工管理企业论，更能抓住日本的实际情况。但是同时也不得不说，这种观点现在还是过了头。为什么？因为如果职工是公司的持有人，那么就不会有轰动媒体的“过劳死”等现象了。职工之所以过劳死，是因为职工归根结底是为某些人工作的存在。

那么，职工既不是公司外部人员，也不是公司的持有人，他们到底是什么？

我们已经知道答案。不是公司的持有人，而对公司来说，是内部人员，是公司的经营者。

经营者是公司的代表机构。如前所述，“机构”一词译自organ，而organ这个词本来表示身体“器官”的意思。公司是法律上的“人”，但事实上只不过是一个观念性的存在。这个观念性的存在，要想实际上在社会中充当“人”的功能，就必须成为发挥脑袋、眼睛、耳朵、嘴巴、身体、手足等器官作用的活人，即经营者。具体而言，代表公司意思的“人”是董事长，在董事长之下，进行实际经营业务，被移交有各种权限的是经营层。

在日本，这一公司代表机构的意识，至少有一部分普及到在法律层面不过是雇工的普通职员身上，有时还会普及到蓝领身上。如果经营层是公司的脑袋、眼睛和嘴巴，那么职工就是身体和手足。“职工经营者”这个词意思是很多经营者是出身于公司职工的人，但同时也意味着，在日本公司中，从普通职员到总经理都是职工，从哪个层次开始算作经营者，没有明确的界线。事实上众所周知，过劳死在日本不仅是工厂劳动者和普通职员，而且是中间管理层和经营者都会发生的现象。

关于组织专用型人力资产

那么，日本的职工为什么把自己与公司等同视之呢？

这是因为日本的职工是投资“组织专用型人力资产”(organization-specific human assets)的人。

我首先从“人力资产”这个词开始解释。很多情况下都把它称为“人力资本”，但是因为自古对“资本”这个词就有不小的争论，所以这里使用“人力资产”这一名称。所谓人力资产，是指在人头脑或身体中，以与人不可分割的形式积累的知识和能力。它不同于机器设备、专利、电脑软件等“实物资产”。实际上，我们平时总说“身体是资本”“头脑是财产”等。当然，因为把它称之为“资产”，就必须能够提高掌握知识和能力的人的经济价值。

“人力资产”这个概念被引入经济学的时候，马克思经济学者们就曾经非议过：把人视同为机器设备算是怎么回事？但这是无的放矢的责难。第一，把人视为人力资产的持有人，也不会有什么损失，反而更具有主体性。并且更为重要的是，把人力资产作为一种资产，是以前对把资产视同为实物资产的经济学的根本修正（它更动摇了主张资产或资本本身不会产生剩余价值的马克思经济学的根基）。

人力资产实际上是一种奇妙的资产。为什么？因为它的最大特征在于它“不可转让”。它以不能从人身上分离的形式积累在人的头脑和身体中。前面已经论述过很多次，在现代社会中，人不会被自己以外的任何人持有。因此，尽管说是资产，但作为人的一部分的人力资产却不能转卖给别人。例如即使在奴隶社会，只要人有自由意志，虽说是奴隶的持有人，也不能完全把积累在奴隶头脑和身体中的知识和能力变成自己的东西。

当然，积累在人头脑和身体中的知识和能力的一部分，会以设计图或操作指南等客观的形式表现出来，从而达到从人身上分离的目的。根据情况，它还可以作为专利或电脑软件在市场上买卖。但是，这种客观化了的知识和能力，在从人身上分离的瞬间，就变成了实物资产。为什么？因为这一瞬间，它已经不再是人的一部分，而只是单纯的物了。在这个意义上或许更应该说，人力资产是不会成为实物资产的资产。在非人力资产的“可转让”资产的意义上，把实物资产称为“非人力资产”或许更好些。总之，“不可转让”的确是人力资产的定义本身。

在人力资产中有两个种类，分别是“通用型”人力资产和“组织专用型”人力资产。

通用型人力资产是指在任何组织中都通用的知识和能力，例如，操作规范化工具和机器的能力、掌握会计处理方法和企业税制的能力、与销售战略和经营管理相关的基础性训练、用于技术开发的科学知识，等等。

而组织专用型人力资产是指只在各自组织中才有价值的知识和能力。它与其说是知识和能力，或许倒不如说是熟练技术更好。例如，使用特定工具和机器的习惯、和其他员工的合作、保持常年贸易关系的客户或供货商的详细信息、对人际关系的把握、研究开发项目专家的信赖、对经营高层的经营构想和理念的理解，等等。这与第8章论述的“核心竞争力”的概念有着密切的关系。

如果说人力资产是一种奇妙的资产，那么组织专用型人力资产就更加奇妙了。为什么？因为它包括把这些资产积累在自己头脑和身体中的人，是任何人都不能以“物”持之的资产。

我再来稍微详细解释一下它的含义。

提到通用型人力资产，即使跳出以前工作的组织，也能随身带走。有时它是指受到许可和资格认证的知识和能力。例如，拥有大车驾照的人，无论在哪家运输公司，都能作为大车司机被雇用；有注册税务师或注册会计师资格的人，无论在哪家企业，都能作为注册税务师或注册会计师被雇用。但是，大部分通用型人力资产，都没有取得许可证或资格证，不过在这种情况下，它一般都是指以某种形式可以写进个人履历的知识和能力。在这个意义上来说，通用型人力资产，就是指人在劳务市场以“物”的形式贩卖自己的劳动和技巧的知识和能力。因此，可以按照价值比例换算成那个人的工资和报酬。

但是，提到组织专用型人力资产，如果掌握这种资产的人离开了以前工作的组织，就丧失了它的价值。纵使很熟练机器的操作，如果该机器只在原来工作的工厂使用，而自己却跳槽到其他工厂，那么再熟练也没有用。纵使和其他员工的合作提高了生产效率，要想在其他工作单位和新的员工形成合作关系，就需要重新努力。因为掌握组织专用型人力资产的人离开了组织就会丧失价值，所以他们在市场上的价值不会提高。即使在市场上贩卖这些资产，也不会得到任何人的认可。

我刚才规定，人力资产是掌握这种资产的人以外的人不能以“物”持之的资产。组织专用型人力资产，不仅不会成为别人的“物”，也不会成为掌握这种资产的人的“物”，真是一种奇妙的资产。

做组织专用型人力投资的日本职工

因为作为通用型人力资产的知识和能力有市场价值，所以，社会上出现了收费教授和训练这些知识和能力的学校和培训班。但却不存在教授组织专用型人力资产的学校和培训班。要掌握它们，只有在组织中向前辈讨教，或者通过实地工作学习经验这一条道路。

自不必说，为了积累组织专用型人力资产，需要投入相应的时间和费用，但是如果不想在一个组织中长期工作，谁都不愿意花费这样的时间和费用。另外，一旦人掌握了组织专用型人力资产，只有成为这个组织中的一员后才有价值，如果这个组织因倒闭而消失了，那么他也就丧失了价值。因此，积累组织专用型人力资产的人与组织生死与共，所以他们当然会把自己认为是这个组织“内部”的人。

日本公司的职工，为什么会认为自己是公司内部的人？那是因为他们的各种知识和能力，大部分是在自己工作的公司组织中学习到的。所以，他们把自己与公司化为一体，把自己理解成本来指股东含义的“职员”。反过来说，如果他们不把自己与公司化为一体，不认为自己是“职员”，那么就不会花费自己的时间和汗水来积累这些资产。

古典企业与“套牢问题”

在日本，从有公司代表权的总经理到只不过是法律上被雇用的普通职员，作为职工，都具有自己是公司“内部”人员的意识。并且，我之前论述过，日本的公司通过相互持股，其自身纯粹发挥着作为“人”的作用。那么，这两个事实到底有什么样的关系呢？

如我刚才所述，组织专用型人力资产是不属于任何人的资产。既不会成为别人的“物”，也不会成为把这些资产积累在自己头脑和身体的人的“物”。并且在这里作为“人”的公司开始发挥作用，即，所谓“法人实在说”式的公司，它是不属于任何人的组织专用型人力资产“事实上”的持有人。

为了理解这是什么意思，我们首先来思考一下被古典企业雇用的员工。假设老板许诺给员工丰厚的工资、养老金和退休金，而他们为积累只有这个企业才能用的人力资产，投入了大量的时间和汗水。这个时候，这些员工的处境是相当不妙的。为什么？因为彻底被迫使用组织专用型人力资产“效劳”企业后，老板可能会违约，不再追加工资、退休金和养老金。即使员工一怒之下跳槽了，但是由于之前掌握的组织专用型人力资产不会得到市场认可，所以之前投入的时间和汗水就完全浪费了。他们即使说合约有误而上诉法院，也很难胜诉。人力资产是不能采用客观形式体现的资产（如果能客观化，就会转化成专利或软件等实物资产）。法院很难认定这种人力资产到底为企业做了多大贡献，也很难认定员工为此投入了多少时间和汗水。并且在判决中，老板一方可以有很多托词。

当然，或许有人说，如果企业的老板有良心，就不必为此担心。但是，即使老板再有良心，一旦企业的经营陷入困局，可能会“不得已”牺牲员工。另外，在老板生病、上了年纪或去世的时候，我们不能保证继承这个企业所有权的子孙、亲戚或朋友和之前的老板同样有良心。

并且，员工一方一旦意识到老板有违约的可能性，他们当然不想全身心地在组织专用型人力资产上投入时间和汗水。假设是进行人力投资，他们也会尽可能地投资在通用型资产上。结果，员工就变成了企业“外部”的存在，他们和企业的关系，就如教科书中描绘的那样，变得短期而冷漠了。

我们在某种程度上可以说，“法人名义说”式的公司也是同样的情况。为什么？因为这类公司的控股股东实质上和古典企业的老板一样，是公司资产的持有人和统治者。因此，在这类公司工作的员工，即使被许诺将来会提高工资、养老金和退休金，好不容易投资在了组织专用型人力资产上，但是投资后依然有着被违约的危险。即使现在没有控股股东，现在的经营者也有良心，公司存储了很多基金用于员工的工资、养老金和退休金；但是如果这家公司被恶意收购，那么这些基金就有可能被新控股股东的公司掳掠者剥夺。事实上，据说在 20 世纪 80 年代美国公司收购热的时期，这种“对员工体贴”为他们存储养老基金的公司，正是公司掳掠者中意的目标。不管哪种情况，员工积累组织专用型人力资产的积极性自然都不会高。

在经济学上，我们把这种问题称之为“套牢问题”。假设有一个像美国西部电影那样治安混乱、人人都持枪的城市，有些人想把自己努力制作的东西卖给别人换钱，而把东西交给别人的时候，可能有被对方用枪指着（即被套牢）的风险。当然，如果是不值得冒生命危险的东西，就只好放弃要钱了。因此，就没有人再认真做东西卖给别人了，这个城市也会急速衰败下去。此时，就会出现英姿飒爽的骑马英雄、胸配徽章的安保人员……但是，和美国西部电影不同的是，资本主义经济中的英雄，并没有这么帅……

由作为人的公司来解决“套牢问题”

发生套牢问题，是因为组织专用型人力资产最终是不属于把这些资产体现在自己头脑和身体中的人的资产。

很明显，这里已经出现了作为人的公司。在“法人实在说”式的股份公司中，公司自身成为纯粹的“人”，而活人都没有成为控股股东。我这样说是指，员工即使积累组织专用型人力资产，也没有一个公司外部人员能够套牢它。就像作为人的公司成为组织专用型人力资产“事实上”的持有人，从而防止了来自外部股东对这些资产的套牢。因此，与古典企业和“法人名义说”式的公司相比，“法人实在说”式的公司有着强烈促使员工积累组织专用型人力资产的倾向。这种因果关系在反方向上也是行得通的。总之，在组织专用型人力资产发挥重要作用的经济中，公司应该有着选择“法人实在说”形态的强烈倾向。

于是，在这里我们可以看到“法人实在说”式的公司以公司自身的存续和发展为“目的”的理论根据。因为只要公司作为组织存续下去，组织专用型人力资产就能够产生利益。并且，前面已经论述过很多次，它不可能属于组织内外的任何人。因此，作为这种组织专用型人力资产“事实上”的持有人而发挥作用的公司，要形成一种正当化的程式，把其中的一部分利益归公司自身所有，保留在公司内部，以便把它投资在公司组织的存续甚至发展上。

职工作为“公司人”的贡献度

被视为“物”而被轻易收购的公司，很难进行组织专用型人力投资，因此不容易产生职工。相反，日本的公司是无限接近于“人”的存在，这就培养了职工充当组织专用型人力资产旗手的土壤。

这种组织专用型人力资产对于国内的生产到底有多大贡献呢？

直接计算它的贡献度是困难的。但是，我们可以在某种程度上进行间接估计。当有人离开一个公司到其他公司去上班的时候，那么他在之前公司积累的组织专用型人力资产就变成了没有价值的东西。因为这一点，他在新公司的工资和报酬当然会减少。这个减少的部分大体上就是组织专用型人力资产的贡献度。

实际上在美国有基于这种思考的研究。研究发现，跳槽的劳动者的平均工资会下降14%左右。特别是在原来的公司工作10年以上的劳动者，他们在新工作单位的工资与之前工作单位相比会下降近30%。当然，工作年限越长的劳动者，与年限短的劳动者相比，其失业率要低得多，所以在现在工作岗位上的劳动者的组织专用型人力资产，之于工资的贡献度比例，被认为在20%以上。这是个相当大的数字。

实际上，我们可以用这个数字进行如下有趣的计算。在美国国内生产总值（GDP）中，劳动所得约占60%。夸张一点说，这是劳动创造的价值。假如其中的20%来自于组织专用型人力资产的贡献，那就相当于国内生产总值的近12%（60%×20%）。即使与公司利润占国内生产总值的比例（18%）相比，这个数字也一点都不逊色①。

这是美国的数字。日本的组织专用型人力资产的作用应该比美国更大，说不定会接近20%。也就是说，日本职工作为“公司人”的贡献，占日本国内生产总值的近两成。据说日本公司的至少一部分所谓工资的工龄部分，或者一部分退休金和养老金，正是针对组织专用型人力资产的报酬，所以，这两成数字，未必是个夸张的数字。

---

① 该计算来自于美国民主党派智库布鲁金斯学会的玛格丽特·布莱尔（Margaret Blair）博士的《所有权与控制》，稍有变动。

总之，我这里计算的针对组织专用型人力资产贡献度的支付工资，在以前计算的过程中被算进了费用之中，但实际上是应该被视为投资的部分。并且，之前只作为费用进行计算，对各个公司的经营和经济整体的运营都带来了很多负面影响。

所有权与经营权分离的利益与成本

伯利和米恩斯以来的传统公司治理理论发现，在“所有权和经营权分离”中存在着“上市股份公司最大的弱点”。这一理论主要关心的是如何通过规定限制与股东利益没有关系的经营者的自律行动。例如，经营者会不会为了提高自己的金钱报酬、社会名声和政治权利而进行过度的成长型投资；经营者会不会担心失败而不参与自己擅长领域之外的事业；经营者会不会为了方便晋升成中间管理层而使组织过于臃肿化；经营者会不会担心被人评价成冷酷无情而对裁员犹豫不决……经营者这种酌情处理的行为，才是让股份公司制度没有效率的最大原因。同样，让现场的技术人员和劳动者太过于自律，会让他们产生与公司利益没有关系的倾向，不会增加他们的工作积极性，还有可能降低经济方面的效率。

从这个立场上来看，不是以股东的利益而是以组织自身的存续和发展为目的的“法人实在说”式的公司，才是导致公司没有效率的罪魁祸首。并且，在这个世界上实现这种“法人实在说”式公司的日本公司体系，才是个不可思议的存在。

但是，“法人实在说”式的公司，在资本主义的历史上，在与老板本人直接具有统治权的古典企业和“法人名义说”式的公司竞争中，不仅没有落败，至少在20世纪的大部分时间内，甚至成为发达资本主义国家产业部门中的具有统治地位的企业形态。

事实上，在美国和西欧的一部分国家中，从19世纪后半叶开始，经营者统治的伯利–米恩斯式的股份公司为资本主义的发展起到了指导性的作用，而在日本，从第二次世界大战后开始，通过相互持股排除外部股东影响的6大公司集团对所谓的日本资本主义的发展起到了核心作用。

其中的理由已经显而易见了，在“法人实在说”式的公司，作为法人的公司本身成为组织专用型人力资产“事实上”的持有人，能够起到保护员工不受外部股东套牢的作用。由此，才有可能把没有公司任何所有权的劳动者、技术人员和经营者自由培养成现代产业技术中不可或缺的组织专用型人力资产。

但是，我们不能在这里说所有权与经营权以及劳动权的分离完全就是好的。无可否认，经营者、技术人员和劳动者由此助长的自律行为产生了各种各样的非效率性。但更重要的是，我们要知道，在所有权与经营权的分离中出现正面效果和负面效果是理所当然的。我们如果不去思考如何取得它们之间的平衡，就不可能实现真正意义上的有效的公司经营。

第 6 章

日式资本主义的起源

日本公司为什么成为日式公司

通过第4章对持续千年的法人争论做个“了断”可以得知，“法人实在说”式的公司，没有脱离公司制度，而是成为让公司制度具有法律效力的公司形态之一。并且，我在第5章指出，把公司本身当作“人”的日式公司形态，在产生各种公司治理问题的同时，防止了员工受到股东套牢的问题，也起到了促使企业组织对特殊人力资产投资的作用。

但是，这些归根结底只不过是理论上的言论而已。只靠这些，不能解释为什么实际上在日本公司采取了这种形态。日本的很多公司到底为什么从多种可能性中选择了“法人实在说”式公司的形态？日本公司为什么成为日式公司？针对这些问题，很多书中已经有所论述，所以我在这里的论述简洁一些。

第二次世界大战与统制经济

我在第5章已经陈述过，虽然日本现在以三菱东京UFJ、三井住友、瑞惠三家银行为中心，正在进行公司集团的重组，但是在第二次世界大战相当长的时间内，三菱、三井、住友、第一劝银、富士（芙蓉）、三和六家公司集团占据着日本资本主义的中心。其中三菱、三井、住友三个集团是战前三大财阀的直系后裔，富士集团也有一部分可以追溯到第四大财阀安田财阀那里。

据说，战前日本的资本主义是相当传统的资本主义。例如，再来看一下表示三井财阀统治关系的第4章图9，财阀家族稳坐在金字塔的最顶端，包括几个忠实总管在内的财阀家族成立控股公司，100%持有股份，通过这个控股公司统治着旗下多个关联公司。财阀形成这种金字塔形的持有构造，是在第一次世界大战期间日本的造船、机械和化工产业处于军需热的时候。由此，它们可以用最小限度的资本投资在重化学工业化所需的大型机器设备上。于是就出现了控股公司这样的中介，财阀家族成为旗下财阀系统公司的控股股东，暂时确立了传统的持有关系。在这个意义上来说，战前的财阀集团与战后通过相互持股排除控股股东的公司集团之间，有着结构上的不连续性。

这是因为发生了极大地动摇战前资本主义的事件，共两次。

一次是第二次世界大战中的统制经济。

从1929年12月起，世界经济开始大萧条，各资本主义国家陷入了危机。但是在这个经济危机中，繁荣的经济有两个：一个是纳粹德国的国家社会主义，另一个是苏维埃联邦的计划经济体制。这两个由国家进行全面统制的经济模式，在世界性的大萧条中，却例外地突飞猛进。据说在这种状况下，连日本政府内部都对欧美式的资本主义抱有极大的怀疑。特别是受到马克思经济学说影响的革新官僚们，他们有着想把日本经济发展成官僚主导的统制经济的动向。

在20世纪30年代，其中的大多数动向只不过是纸上谈兵，只是在日本的殖民地“满洲国”进行过一些实验。但是，到了20世纪40年代进入太平洋战争后，为了开展和欧美的总体战，快速提高日本经济的整体生产力被奉为至上使命。因此，日本尝试引进德国和苏联的计划经济方法，来修正传统的资本主义体制。作为其中的一环，以军需产业为中心的很多企业的生产计划和资金筹措，被强行拉入国家统制的框架内。

由此，以财阀家族为首的股东的权限受到了限制，企业中专业经营者的势力得到了强化。另外，军需企业分别被分配给了指定银行，不仅是财阀体系，非财阀体系的公司也有了一种主银行。国家还进一步通过“身为天皇士兵而平等”的方式，在产业报国会的旗帜下，让之前有着严格区别的蓝领和白领之间形成了某种一体化的意识。

根据所谓的“1940年体制论”所述，这种统制经济体制，成为战后日本资本主义的原型。

我们的确不能忽视第二次世界大战中的统制经济给战后日本带来的影响。但是，我认为过度强调它也是一种错误。理由很简单。因为在第二次世界大战中，不仅是日本，从美国到意大利，从同盟国到轴心国，几乎所有参战国都以某种形式统制着经济。在战争中，国家利益优先于股东主权是理所当然的事情。问题是为什么只有日本在解散统制的战后，依然没有恢复股东主权，股东主权反而进一步变弱了。对此的回答也很简单。

那是因为第二次世界大战后，美国占领军命令日本解散了财阀。

经济民主化与财阀解体

美国占领军的基本政策是，尽快让战后日本转化成民主主义社会，成为以苏联为主导的、不断扩张的社会主义的壁垒。他们认为财阀的垄断体制才是战前日本军事主义的温床，于是就自上而下式地指导了经济结构本身的“民主化”。从 1945 年到 1947 年，美国占领军把财阀家族和财阀的控股公司持有的股份移交给了政府机构，解散了控股公司，并解除了财阀家族及其周边人的公司要职。这就是“财阀解体”。

由此，如第 4 章图 9 中所示的那样，财阀家族和控股公司在财阀家族→控股公司→旗下企业集团式的金字塔形持有构造中的绝对领导力云消雾散了，集团内的很多企业只剩下工厂设备和员工苟延残喘着。作为持有主体的人也从传统的持有关系中被强制性地抹掉了。政府从经济民主化的观点出发，把从财阀家族那里获得的大量股份主要出售给了员工，所以日本的股份最终也像美国一样分散给了大众。

但是，这种股票市场的美国化，只是一时的现象。之后，从日本允许相互持股以来，同一个集团内的企业经营者，以主银行为中心，为了稳定贸易关系和持有关系，公司之间开始相互持股，形成了专业经营者掌握实权的公司体系。特别是进入20世纪60年代后，日本政府开展了官僚主导、稳定股东的工作，目的是实施证券不景气对策来控制股价的下限，和实施资本自由化对策来防止外国人掳掠公司等。结果，在20世纪60年代，日本公司通过相互持股形成了不受外部股东统治的日式公司体系。

在这个意义上来说，美国主导的经济民主化导致的财阀解体，对战后日本公司体系的形成，起到了决定性的作用。事实上，在第二次世界大战中同样是战败国的意大利，由于其占领军不是美国而是以英国为中心的国家，并且在地理位置上远离苏联等原因，没有彻底完成自上而下的经济民主化。在战后，菲亚特、倍耐力、Falck等家族统治的财阀结构依然存在了很长时间。例如，据说意大利最大的集团菲亚特直到现在才开始面临解体的危机。

财阀中的集体所有制与经营的自律性

这种美国占领军进行的自上而下的经济民主化，的确对日本的公司变成日式公司起到了决定性的作用。但是，具有历史性讽刺意味的是，虽然占领军的意图使日本经济“美国化”，但结果日本产生的公司体系，却没有复制美国的公司体系。如我前两章所述，它成为只能称之为独特的日式公司体系。这样看来，日本公司发展成为“人”，不仅是由于战争时期的统制经济和战后财阀解体等外在的原因，还有内在的原因。

我之前说到，战前日本资本主义是相当传统的资本主义。因为在占其中心地位的财阀集团中，财阀家族通过控股公司成为很多公司的控股股东，至少在形式上确立了古典企业的持有关系。但是，与具有同样金字塔形持有构造的欧洲各国的财阀和邻国韩国的财阀相比，日本战前的财阀具有未必称得上传统的特征。因为日本的财阀虽然说“持有”旗下的公司，但是与欧洲各国和韩国财阀旗下的公司相比，有着相当不同的含义。下面稍作说明。

例如，从明治时代到二战战败，在三井财阀的顶端，有被称为“三井十一家”的 11 个家族。但是，在这个三井十一家中，自古就有“大元方”机构。各家的资本全都聚集在大元方，在大元方之下被共同管理。与企业活动相关的一切投资，都由大元方出资，获得的一切利润都归大元方所有，给予各家的配额比率也全都由大元方事先决定。聚集在大元方的资产，由所有家族整体继承，无论发生什么事，都不能分割，这是三井的“家训”。日本财阀创始人之一的安冈重明，为了强调它与通常公有制的不同，把这种独特的持有形态称之为“集体所有”[①]（公有，等于共同所有，每个共同所有人都可以申请分割资产）。大元方制度是三井财阀的独创，但是听说其他财阀也有不少采用了具有集体所有特征的持有形态。

自不用说，在集体所有的形态之下，财阀家族没有了积极参与企业经营的动力。但是实际上，日本财阀的最大特征之一在于，它给了专业经营者一定程度的自律性。这表明，统治家族有着积极参与经营的强烈倾向，是一个与外国有着很大区别的特征。当然，虽说把自律性给了经营者，但是财阀家族作为控股股东的地位没有变，所以经营者常常会感觉受到了极大的制约。尽管如此，与其他非财阀体系的公司相比，财阀体系的公司给予经营者自由裁量的余地更多。这一点已经通过各种实证研究得到了证实。例如，有研究报告指出，财阀体系公司的配额比例要比非财阀体系的公司小，并且也不怎么受收益率变动的影响。

“家族”制度与法人

在这里，我们当然必须要关注日本的“家族”制度。

在经济学家之间，极其讨厌谈及“家族”等文化概念。因为

---

① 集体所有：日语中写作“总有”。

经济学把人类的合理性当作公理，被视为经济学上的失败。但是我认为，假如经济学有比其他社会学科都优越的地方，那就是经济学通过彻底推进合理性的理论，可以明确自己这门学科的界限。并且通过合理性，其他一切社会学科也都可以确认各自独特的存在理由。

借用亚里士多德的话，人是“社会性动物”。即，人是只有在社会中才能生存的动物。特别是在经济活动中，必须要有人的组织。并且，人在形成某个组织的时候，不是在一张白纸上进行设计，无论意识到还是没有意识到，都会依据各自文化中相当于固有“文法”的东西。并且，形成这个组织相关的文法，就是各自文化中的家族构造。为什么？因为家族才是人之为人的最初组织，与家族有关的概念深深地印在了人的基本语言构造中。例如在江户时代的商家、战前的财阀集团和战后六大公司集团中，都能找出相同的组织文法。

虽说同是东亚的一员，但是日本的“家族”制度却与中国和朝鲜半岛的家族制度迥然不同。当然，也与欧洲的家族制度不同。中国幅员辽阔，有相当大的地域差，但是至少活跃于全世界的华侨，大多遵守着男性兄弟之间平分财产的体系。与之相对，韩国是长子继承制，并且非常重视血缘的连续性。欧洲的家族制度，虽然也有地域差，但在重视血缘性这一点上是相同的。例如，贵族称为blue blood，意思是“蓝血的人”（贵族血统），这是重视血统连续性的具体体现之一。

日本家族制度的根本也是长子继承制，但是除了天皇家族之外，其他家族未必重视血缘的继承，他们注重家族姓氏的延续。日本的家族制度比起继承血缘更加重视姓氏的延续，这在全世界来看，可以说也是相当特殊的。例如，在中国和朝鲜半岛，血缘关系就是一切，所谓家族关系就是血缘关系。在欧洲也同样如此（近年来欧洲流行一种人道主义立场的养子制度，这另当别论）。当然，家族并不是在一切血缘关系上形成的。相反，到底把什么样的血缘关系视为家族，什么样的血缘关系不视为家族？作为制度的家族对此进行了规定。中国、朝鲜半岛和欧洲的家族制度在这方面就有所不同。

而日本的“家族”，基本上与“姓氏”有关。江户时代的商家和武士门第，不怎么反感收养养子。

最近，住友和三井合并了，但是住友财阀和三井财阀都曾是江户初期成立的财阀。住友原本是住友铜山，而三井原本是叫“越后屋”的绸缎庄。不知道什么原因，住友家族孩子比较少，所以常常为接班人的问题而苦恼。本应该成为第二代继承人的儿子和女儿都死掉了，住友的血脉基本上断绝了。这是历史上有名的故事。怎么办呢？住友家族就让儿子的老婆和女儿的丈夫结了婚，继承了住友的姓氏。虽然说女儿的丈夫实际上是创始人姐姐的孩子，有血缘关系，但是在原理上姓氏的连续性才是王道。

进一步说，在歌舞伎和相扑等从江户时代延续下来的传统艺能和格斗竞技中，也是通过继承艺名的方式，继承了中村歌右卫门和市川团十郎、朝潮和二子山等姓名。他们的确是从一开始就有了姓氏，不是给人起名，而是把人应用在姓名上。即使没有血缘关系，只要能继承姓氏，就具有了正统性。

我们现在重新来看可以得知，日本的“家族”不是单纯的人类学意义上的家族，而是有着明显“法人”性质的存在。针对三井家的情况，被称为其祖先的三井高利有很多孩子，他退休后就把总店和分店交给了他的很多孩子经营。一旦简单地分了家，就会分散三井的资产。所以，三井就设立了之前提到的“大元方”机构，聚拢了整个三井家的资产，进行共同管理。各自家庭的户主也无权分割大元方的资产，只能以利益分配的形式参与其中。因此可以说，存储在大元方中的资产，其实际持有人不是三井家的“人”，而是三井这个“家族”本身。

这里有意思的是家庭的“户主”这个词。在欧洲、朝鲜和中国的家族制度中，一家之长是家族资产的持有人，是真正操控全局的统治者。但是，日本的“户主”，只是临时的主人而已。即便是三井本宗的户主，其作为“家族”统治者的色彩也很淡薄。倒是作为第一管理人、旨在让超越个人存在的“家族”永续流传的色彩比较浓重。与其说他们是资本家，倒不如认为他们的作用接近于作为法人代表机构的经营者更为合适。

在这个意义上来说，江户时代的商家与战前的财阀集团以及战后的公司集团之间，存在共通性。即，江户时代的商家和资本主义式的公司，在日本不是单纯的人的集合，而是各自作为“家族”和“公司”，像是一个作为“人”的存在，有其自身的主体性。也就是说，不是“法人名义说”式的，而是“法人实在说”式的存在。

第二次世界大战后美国占领军进行的财阀解体，的确让战前的日本资本主义瞬间倒塌了。但这不是之后出现资本主义形态，特别是公司组织的决定性原因。从战争的废墟中重新组建公司组织的时候，我认为是日本的“家族”组织文法起到了强有力的作用，它规定了江户时代商家的形态，也影响了战前的财阀。结果，战后日本的公司体系，一反美国民主化政策当初的意图，形成了日本独有的形态。

终身雇佣制

我之前已经反复论述过，与古典企业和“法人名义说”式的公司相比，公司本身纯粹作为“人”的“法人实在说”式的公司，有着促进积累组织专用型人力资产的强烈倾向。当然，作为战后日本雇用体系特征的终身雇佣制、年功序列制、公司工会，正是促使公司积累这一组织专用型人力资产的制度化构造（但是，这 3 种雇用体系，只适用于大公司的主要男性正式员工。据说其比例占日本所有劳动人口的 1/3 左右）。

终身雇佣制，除了公司陷入困境之外，不会因公司的原因而解雇员工的制度。这里要注意，虽然说是终身雇佣制，但它不是法律制度，而是个彻头彻尾的习惯做法。无论在雇用法中还是任何雇用合同中，都没有终身雇佣的规定。反而是劳动基准法在原则上禁止缔结超过 1 年的雇用合同来约束员工的自由。事实上，如果雇用合同中写了终身雇佣，那它则是奴隶合同（不过就在最近，关于雇用从事专业工作的人和 60 岁以上的人时，允许延长 3 年合同期限）。

但是，由于自 20 世纪 70 年代以来积累的很多案例，确立了“滥用解雇权”的法理，从 2008 年起，日本形成了《劳动合同法》第 16 条。该条法律规定，即使雇用者解雇员工，如果缺乏合理的理由，不被认为是社会的普遍观念，那么也是无效的。当然，什么是“合理的”、什么是“社会的普遍观念”，有可能随着经济状况和社会规范的变动而改变。另外，被解雇的员工基于这条法理到法院和公司争执的时候，如果没有工会的支持则很难胜诉，在没有工会的公司工作的人（当然是在中小企业工作的人）也很难得此机会。而且也有权威研究表明，这一法理原本具有扼杀第二工会的政治意味，制约着公司的恣意解雇，但不能有力地阻止企业因经济原因进行的解雇。尽管如此也表明，终身雇佣制至少是日本俨然存在的习惯做法。

当然，只有能在同一个公司安心地长期工作，员工才会去努力掌握只利于这家公司的熟练技术。终身雇佣制才是员工对组织进行特殊人力投资的动力。

但是，受到滥用解雇权法理束缚的只有公司一方。员工一方原则上在任何时候都可以辞职。而公司一方也会因为优秀员工的提前辞职而感到苦恼。因为公司为了让员工掌握组织中特殊的熟练技术，曾经花费了很多训练费用。如果员工在充分发挥自己才能之前辞职了，就会令公司猝不及防。因此，为了让员工（特别是优秀的员工）在公司长期工作，公司一方想出的构造是年功序列制。

年功序列制

年功序列制是根据工龄提高工资的制度，而不只是根据员工各自生产能力（正确的说法是边际生产力）的提高按照比例增加他们的工资。这里所说的年功序列制，是指员工在年轻时的工资被控制在生产能力以下，随着年龄的增加，他的工资处于生产能力以上的工资体系。当然，工资的增长率高于生产能力的增长率。

这样做的意义何在？因为员工年轻的时候，给予公司的东西要比从公司获得的多，所以相当于员工在公司进行了一种存储。这种存储具有一种赎金的作用，用英语说是 hostage，如果员工年轻的时候辞职，赎金就会被公司没收。只有把自己押给公司长年持续工作，才能慢慢领回赎金。这是一种工作到退休才能全部领回赎金的体系。因为在同一家公司工作的时间越长就越有利，所以员工就会产生长期待在公司的动力。

另外，不持续工作一定年限就无法兑现的养老金和退休金制度，以更加直接的形式，给了员工长期工作的动力。

日本公司的年功序列，报酬不是随着生产能力的提高而增加的，而是在年轻的时候处于生产能力以下，上了年纪才会到达生产能力以上。这种构造的结果是退休制度。员工不退休，上了年纪就可以获得工作能力以上的报酬，所以，他们就有了一直待在公司的动力。因此，公司规定了退休年龄，一律让他们退休。当然也有员工退休后找各种理由继续工作的情况，但是工龄制不适用于这些人员，只是给予他们相应生产能力的报酬。员工退休后再就业，即使在同一家公司，工资也会大幅下降，就是这个原因。

总之，终身雇佣制和年功序列制是车的左右轮。并且，日本员工掌握的人力资产的很大比例是在长年工作的公司固有的熟练技术。日本式雇用体系的另一个特征——公司工会的存在，当然与此有着密切的关系。

日本式雇用体系的原型

这种日本式雇用体系，和公司体系一样，都能在江户时代找到原型。

在江户时代商家的佣人制度中，佣人在10~14岁做学徒，给店里或商家打杂，没有工资，但是店里承包衣食住行，并给予读书写字算数的教育；15~19岁成年后，就成了伙计，开始承担生意上的实际业务，伙计有薪水，一些大商家还会花时间教他们各种各样的工作技能；到了20~24岁，就不再做伙计，而是成了领班或经理，在商业活动中有了很大的权限，还会得到薪水以外的奖金；到了30多岁的时候，就可以另立门户开分号，被允许成家，变成了前来上班式的雇工，并且其中功劳特别大的佣人，还被允许使用本家的字号自己开店。不过，在从学徒到另立门户，特别是到可以使用本家字号的晋升体系中，有很多人会中途退缩。能走到另立门户地步的人，据说还不到10%。但是，我认为值得一提的是，这个比例也并不比现在日本公司中的职位晋升率小多少……

而武士门第非常重视家臣的家世，所以其晋升体系与商家比起来要窄得多。但是，终身侍奉主君的终身雇佣式的要素，却是非常彻底的。当然，也存在流浪武士四处寻找新主君去侍奉的情况，但是其比例并不大。例如幕府末期，江户幕府和有势力的藩属国设立了自办的制铁所和造船所，这些企业的组织形态，直接反映了武士门第的组织，采用的就是终身雇佣制。

到了明治时代日本开始向现代化道路迈进的时候，三井和住友等几个大商家成功转变成了现代化的企业，之后发展成为财阀。另外，长崎制铁所和横滨造船所等幕府直营的企业，转身变成了国营企业。这些企业几乎直接把江户时代的雇佣组织移植到了现代企业中。并且，据说三菱和安田等明治以后出现的财阀，也在形成企业组织的时候，效仿了那些国营企业和大商家企业的组织。

但是，有意思的是，在形成日本式雇用体系的时候，是“公司”制度发挥的作用。

涩泽荣一与公司制度

在日本近代历史上，明治维新以来，日本引进了西方各种技术和制度。有关经济的研究表明，早在1875年左右，福泽谕吉①等人就引进了股份公司制度。实际上，日本制定与公司有关的法律是在不久之后的1890年，这个时间在国际的视野下来看也相当早。日本的现代化速度惊人，公司制度也以惊人的速度在普及。

如前所述，其中的理由之一在于，公司制度容易融入日本的“家族”制度。并且，当时的日本还存在必须引进公司制度的更

① 福泽谕吉：日本近代著名的启蒙思想家、教育家，日本庆应义塾大学的创办人。著作有《劝学》《西洋事情》《文明论之概略》等。

加强烈的必然性。

涩泽荣一[①]是为明治时期日本资本主义的发展做出最大贡献的人物之一。在他的领导下，19世纪70年代设立的东京商业会议所，是日本“财界”的先锋，他自己则参与了第一国立银行、大阪纺织、东京海上、日本邮船等500家以上企业的设立和改革。涩泽荣一是引进公司制度的倡导人。

日本要实现现代化，无论如何都要尽快让运用现代化技术的现代化企业步入正轨。但是，当时的日本只有在大学才能学习到熟练应用这些技术的知识和经营这类企业的能力。然而杰出“学士”的志向是做官，不会轻易进入民营企业。另外很多人还都是武士阶级出身，认为在民营企业工作和在商家做学徒差不多，会感到丢脸。

为了把这些学有所成的高材生吸引进民营企业，涩泽荣一认为有必要尽快确立公司制度。为什么？因为我之前已经论述过很多次，作为法人的公司是“社会的公器”。企业一旦变成公司，在这里工作就不再是三井和岩崎等家族的私人雇工，而是相当于在公司这个具有公共性的“公器”中工作。它和做官一样，都是为了家国天下。

涩泽荣一的努力有了效果，随着公司制度的普及，很多大学

① 涩泽荣一：日本明治和大正时期的著名实业家，被称为“日本企业之父”。

毕业的高材生们，纷纷进入民营企业，特别是财阀体系的企业做技术人员和经营者。并且，他们通过企业内部的晋升制度，渐渐地参与到高层管理中来。这与毕业于剑桥和牛津等大学的高材生不耻在民营企业公司的英国大相径庭，成为日本资本主义的特征之一。

近代日本式雇用体系的系谱

虽然说明治时期的企业依然存在着继承自江户时代的终身雇佣制，但却为数极少，并且主要限于白领。江户时代常见的雇佣形态基本上是日工，从明治时代到大正时代，常见的雇佣形态也依然是短期的。蓝领们形成了横山源之助所说的“下层社会”(《日本的下层社会》，岩波文库)，日夜奔波于各个工厂去找工作。

20世纪前半叶，日本公司对蓝领们也积极地采取终身雇佣制度。此时的日本也开始了以财阀为中心的重化学工业化。第一次世界大战席卷了整个欧洲，大部分的工业生产力都使用在了战争目的上，全世界的工业生产发生了供给不足的现象。可以说渔翁得利的日本朝着世界市场迅速推进重化学工业化，为之后的经济发展打下了基础。但是，由于此时的重化学工业化过于急剧，承担其生产的重要熟练工和技术工严重不足。

老牌资本主义国家英国的形态，是劳动者掌握熟练技术后再被企业雇用为熟练工和技术工。在日本虽然也有在手工业方面掌握熟练技术的工匠，但是他们的灵感和技巧对重化学工业所需的科学技术没有什么作用。因此，各个公司必须出钱培养熟练工和技术工。例如，之前从国营转让给民营的长崎造船所和八幡制铁所都设有工厂内部的训练所，后来很多公司纷纷效仿。

培养公司内部的熟练技术需要大量费用。好不容易花钱培养后，如果他们跑掉就麻烦了，所以，为了确保长期雇用，公司就尽量录用白纸一张的应届毕业生，并且对这些“从小培养”的劳动者采用工龄式的工资和晋升方法。这就是近代日本式雇用体系的出发点。

但是，除了一部分重化学工业之外，直到第二次世界大战的时候，这种终身雇佣制和年功序列制才扩散到整个产业中。带有战争目的的生产至上主义，在背后助推了它的形成。而且，在产业报国会的旗帜下，形成了日本式的平等主义，作为同是为国家效劳的劳动者，蓝领们也被待之以“普通人”，即等同于白领了。由此，白领和蓝领都同样处在了终身雇佣制和年功序列制的旗下，形成了真正意义上的日本式雇用体系。

战败后，日本尽管存在美国自上而下的改革，但是依然继承了终身雇佣制和年功序列制。当然，战争之后，日本很多公司的经营还不稳定，所以，员工的雇用关系也不稳定。但是，到经济开始高速增长的 1955 年左右，雇用关系稳定了，终身雇佣和年功序列都至少在大公司的男性正式员工那里，作为一种制度化的习惯做法得以固定下来。

然而，日本大公司的员工意识到终身雇佣制和年功序列制是一种雇用规范，实际上是在1958年美国的经营顾问詹姆斯·阿贝格伦（James Abegglen）在日本和美国出版的《日本的经营》一书中使用“终身雇佣”一词之后。据说在这之前，专攻劳资关系论和社会政策论的研究者对此已经耳熟能详了，但是日本的员工自己明确地意识到它，多是得益于这本书的畅销。并且，在更晚的20世纪70年代，终身雇佣制不仅只是作为员工意识到的规范，还以滥用解雇权法理的案例形式形成制度。不过具有讽刺意味的是，在这之后不久就出现了要高呼摧毁终身雇佣制的声音。

公司工会的系谱

除了终身雇佣制和年功序列制之外，日本式雇用体系中还有一个支柱是公司工会。当然，其他国家也不是完全没有，但是从全世界来看，它是日本颇有特色的形态。一般说起工会来，都是指同业工会或者产业工会。虽然各个公司都有工会，但那只是同业工会和产业工会的公司支部而已。

同业工会常见于英国。同一职业的劳动者，尽管工作单位不同，也会团结起来主张自己的权利。在英国机械类工厂发展之前，就已经大量存在具有各种熟练技术的工匠形成的各种劳动市场。在工会的形成期，工人运动的中心不是工厂的劳动者，而是这些工匠。他们通过控制入职人员和限制相互竞争，保护自己的劳动条件不受新兴的产业资本家们侵害。

在美国，工会的形成期是在重化学工业飞速发展的时期，工人运动的旗手已不再是工匠，而是工厂劳动者。一般认为工厂劳动者的熟练技术，不仅在各个职业上，甚至在各个产业上都是通用的，所以如果有人在汽车产业工作，无论是在福特、GM，还是在克莱斯勒工作，都可以加入相同的汽车工会，与整个汽车产业的雇用者对抗。

在同业工会和产业工会的背后，都有着强烈的同工同酬的思想。并且，在深层次的背后，他们相信“法人名义说”，认为公司不过是个名称而已。

在第二次世界大战结束的时候，美国占领军想立刻确立工会法，使日本企业内部的雇用关系走向现代化。此时美国最初的意图是在日本也组建美式产业工会，但是却行不通，结果，统治战后日本的是蓝领和白领一体化的公司工会。

另一个理由是政治性。战后工人运动的高涨一直持续到 1947 年麦克阿瑟下令阻止在 2 月 1 日计划实施的大罢工。非常畏惧日本出现共产主义倾向的占领军，考虑到横跨各个公司的产业工会更有可能成为发展共产党势力的温床，占领军为了避免这种势力发展，就容忍日本不同公司间组成了工会。

更加根源性的原因在于，比起在不同公司从事相同职业的员工和在不同公司从事相同产业的员工，在终身雇佣制和年功序列制之下积累组织专用型人力资产的员工，与在同一家公司的不同员工之间，更具有利害的一致性。其背后自然是受到“法人实在说”的影响。

这也是美国主导的经济民主化导致在日本产生的独特体系的又一例证。

第 7 章

资本主义是什么

资本主义是什么

目前日式资本主义陷入了困境，其一是经济泡沫崩溃后留下的后遗症和施政当局的失败等短期的原因。但是，日本经济现在的低迷状态是因为它长期以来处于不断变化的潮流之中，已经无法还原到单纯的景气循环的局势中了。这一潮流就是资本主义的“全球化”“IT化”“金融革命”。日式资本主义，特别是“法人实在说”式的日式股份公司，苦于难以应对全球化、IT革命和金融革命。为什么？要想弄清其中的理由，我们就要暂时脱离日式资本主义，以更广阔的视野重新审视“资本主义”的历史（以下展开的资本主义论，基于我的《威尼斯商人的资本论》，筑摩书房，1985；筑摩学艺文库，1992）。

商业资本主义、产业资本主义、后产业资本主义

资本主义是持久追求利润的经济活动。

资本主义的历史悠久。借用马克思的话说，它在“诺亚洪水以前”，就以“商业资本主义”的形式存在着。进一步借用马克

思的话说，这个自太古以来的商业资本主义，“就像伊壁鸠鲁的神存在于世界的缝隙中一般”生存着。例如，古代美索不达米亚的商人，早在5000年以前，就乘船渡过幼发拉底河，骑着骆驼穿过沙漠地带长途跋涉，开始了石英玻璃、黑曜石和沥青等商品的贸易。他们往返于有地理性距离的两个市场之间，把一个市场便宜的东西以高价卖给另一个市场。两个市场之间存在的价格差，就是他们获得的利润。

也就是说，商业资本主义的方法就是以两个市场之间的价格差为媒介产生利润。

通过差异产生利润——这一自太古时期发现的商业资本主义的原理，并不只是通用于商业资本主义。它实际上是通用于一切资本主义的普遍原理。

从18世纪后半叶在英国开始的所谓“产业革命”，通过动力机器和纺织机器的发明和改良，形成了使用多数劳动力进行大量生产的工厂体系。结果，与之前的小规模家庭作坊式工业相比，劳动者的生产力得到了突飞猛进的提高。

以产业革命为界限，资本主义的统治形态，从商业资本主义转换到了产业资本主义。这是一种通过产业活动产生利润的资本主义。但是，只有产业革命不足以建立“产业资本主义”。无论怎样通过工厂体系提高劳动者的生产力，如果相应地提高劳动者的实际工资，就不会产生利润。为了从生产活动中产生利润，销售额必须高于生产费用，但是劳动者的人均销售额是由其生产力决定的，劳动者的工资占了人均生产费用的一大部分。劳动生产率和实际工资率之间的差异，才是产业资本主义利润的源泉。

为了建立产业资本主义，就必须存在大量工资在生产力以下的廉价劳动力。并且，历史性保证这一点的是农村的过剩人口。借用马克思的话说，就是“产业后备军”。据说当时的英国农村，早就具备了资本主义的精神，但是还没有完全发展成为资本主义。很多人通过共同体原理相互协助，过着紧紧巴巴的生活。于是，这些人如果在城市里有工作，就全都做好了离开农村的准备。结果，在城市里经营工厂的资本家就可以把劳动者的工资控制在仅够他们生存的水准。为什么？因为即使解雇了要求更高工资的劳动者，还会有农村的产业后备军出现，想工作的廉价劳动者会不断地涌向城市。企业家只要有能装得下大量生产用机器的工厂，就可以大量雇用廉价劳动力，确保大幅度的收益率。

也就是说，产业资本主义的方法最终是以通过产业革命提高的劳动生产率和农村产业后备军提供的实际工资率之间的差异为媒介产生利润。

18 世纪后半叶英国产业革命以来，产业资本主义统治了西欧和美国。并且，从 19 世纪后半叶，日本也向产业资本主义发展。当时是一个资本主义即产业资本主义的时代。

但是，进入 20 世纪 70 年代，产业革命以来长期统治世界的产业资本主义，至少在发达资本主义国家中宣告结束了。

理由很明显。产业资本主义的壮大，不知不觉用尽了产业后备军。于是，到了20世纪后半叶，发达资本主义国家中农村的过剩人口已然枯竭。工厂劳动者的实际工资率开始上升，与劳动生产率之间的差异越来越小。公司只具有机械类工厂，已然不能确保利润了。

利润只能从差异中产生，产业资本主义依赖的劳动生产率和实际工资率之间的结构性差异已经依靠不上了。企业只有各自通过开发新产品、发明新技术、开拓新市场、引进新组织形态等，使之有异于其他企业，才能产生利润。也就是说，为了资本主义继续是资本主义，就必须在意识上创造出差异性来。它就是目前正在发展的被称为“后产业资本主义”的形态，也被称为“后工业社会”“高度信息化”“知识产业”“第三次浪潮”。

在后产业资本主义时代，一切都在不断变化、瞬息万变。企业必须要常常追求新产品、新技术、新组织形态和新市场，即一个劲地宣扬这个“新”。总之，“新”就是价值。不，更应该说只有“新”才有价值。为什么？因为无论多么独创性的产品、最先进的技术、划时代的组织形态、未开拓的市场，总有一天会被其他企业模仿、改良、追随、介入，失去差异性。而利润只从差异中产生。因此，每个企业要想持续不断地产生利润，就必须要不断地追求新技术、新产品、新组织形态和新市场。

于是，甚至有人开始激昂慷慨地说，沉浸在这个“新”的洪流中，后产业资本主义正是有史以来的新社会。

虽然说在后产业资本主义时代必须追求“新”，但是统治后产业资本主义的原理毫无新意。它无非是从差异中产生利润这一资本主义的基本原理。如果硬要说它和之前的资本主义有什么不同之处，那就是它有意识地使用了资本主义的基本原理，它无非是“后现代主义”的资本主义。

IT 革命、全球化、金融革命

如果我们这样理解“后产业资本主义”，那么 IT 革命、全球化和金融革命都不是各自独立的现象，而只不过是后产业资本主义的三种表现而已。

实际上，很多主张把后产业资本主义称为后工业社会、高度信息化、知识产业或第三次浪潮的人，以及很多最近热情宣扬 IT 革命“革命性”的人，都拘泥在一种技术史观中了。他们被信息技术（IT）的飞速进步迷住了双眼，认为信息技术的进步引起了资本主义的发展。但是这种想法颠倒了原因和结果。

后产业资本主义是通过有意识地创造出差异性而产生利润的资本主义形态。其中的企业基本上都必须以新技术的发明、新产品的开发、新组织形态的引进、新市场的开拓等形式，通过进行其他企业不能做的事项，暂时确保垄断性的利润。于是，从 20 世纪 70 年代左右开始，在信息技术变成科学技术的前沿后，后产业资本主义中的 IT 革命得到了飞速发展。

实际上，在后产业资本主义和IT革命之间，存在着更加本质性的关系。为什么？因为通过把有意识地创造出差异性而产生利润的后产业资本主义的方法推进到底，就会达到“信息的商品化”。

信息就是差异性。我们吃一个苹果后即使再吃一个，依然能够明显感觉到是苹果的味道，只不过会多少降低食欲。但是，我们已经使用过一个电脑软件，再给你一个相同的，是起不到任何作用的。为了让另一个软件具有信息的意义，就必须使之与最初的软件有某些差异。相同的信息是没有价值的。从经济上来说，只有差异化的信息才有意义。

因此可以换句话说，信息的商品化就是有差异的商品化。通过把差异性本身变成商品销售会获得利润，这是后产业资本主义的终极形态。

引起现在全世界信息技术革命的就是这个信息的商品化。信息本身的商品化，催生了处理信息技术和传播信息技术——这些当然是信息的一种——的开发，在可以商品化的时候作为商品销售了出去。由此，信息处理技术和信息传播技术得以普及，这样一来，通过这些技术处理和传播的信息就越来越商品化了。

信息技术的发展并没有带来资本主义的变化。相反，资本主义的后产业资本主义化，助长了信息技术的发展。主动意识到从差异性中产生利润这一资本主义基本原理的后产业资本主义，促使差异性本身的信息变成了商品，促进了处理和传播信息技术的发展。

可以说全球化也是同样的情况。

很多人认为，交通工具的发达和信息通信的高速发展，带来了全球化。当然，人、物、金钱和信息的移动在技术上变得容易，的确极大地推进了全球化。但更重要的是，在近年来急速全球化的背后，存在着发达资本主义国家的后产业资本主义化。

在美国和西欧等发达资本主义国家，农村共同体中的过剩劳动人口枯竭了，从国内已经再也不能调集到廉价的劳动力了。因此，之前的产业资本主义企业，为了进一步追求大量生产带来的利润，提高生产率，不得不越过国界线积极地进行贩卖活动。另一方面，还不得不寻找工资相对低的劳动力，积极地投资于发展中国家和新兴工业国家。即，把国外的劳动力作为曾经的产业后备军来对待。优衣库等企业在中国的生产也是其中的形式之一。也就是说，产业资本主义的原理在国内丧失了有效性，企业开始追求世界范围内的产业资本主义的原理，结果导致贸易的自由化、资本移动的自由化，就是所谓的全球化。

最后，金融革命也同样处于从产业资本主义到后产业资本主义变迁的资本主义潮流之中。

在产业资本主义时代，只要有钱，就基本上可以自动获得利润。为什么？因为农村的产业后备军保证了廉价劳动力的供应，所以，企业只要把钱投资在大量生产用的机器上，就可以确保劳动生产率大大高于实际工资率。但是，进入后产业资本主义时代后，劳动者的实际工资率在朝着劳动生产率的方向不断提高。老板只有机械类工厂，已经不能获得利润了。这就意味着，只有钱是不能获得利润的。

利润只能从差异中产生。为了让钱生利，就必须找到金钱可以作为媒介的某种差异性。

金融市场原本是以差异性为媒介的市场。例如，债券市场的出现，就是为了把钱从目前不需要的人那里转移到需要的人那里；外汇市场是像把日元兑换成美元那样，从不需要的人那里转移到需要的人的市场；期货市场是像以未来约定的价格购买石油那样，把相关合约从想冒风险的人那里转移到不想冒风险的人的市场。这样一来，在债券市场、外汇市场和期货市场等金融市场上做中间贸易的个人或金融机构，是以人们对时间、空间和风险的好恶和必要性之间的差异为媒介获取利润的。这里发挥作用的正是自上古以来就有的商业资本主义原理。

从 20 世纪 80 年代左右开始，一方面由于 IT 革命导致的信息传播技术和信息处理技术的飞速发展，另一方面迫于英国撒切尔政权和美国里根政权具有主导权的金融制度广泛自由化的压力，这些之前在国内被大肆分割开的金融市场，相互之间产生了密切的关联。众所周知，它瞬间发展成了也可以被称为“全球金融市场”的一大金融市场。

依然是从 20 世纪 80 年代左右开始，同样在金融全球化和自由化的潮流中，金融期货市场、金融期权市场、金融互换市场等所谓的金融衍生商品市场也相继出现。它们是通过各种方式分解时间、空间和风险，进行各种组合，以进一步细化人与人之间的差异为媒介的金融市场。

这些金融市场突飞猛进的急速扩张，正是近年来被称为“金融革命”的一环。当然，这些金融革命的直接诱因是IT革命和金融制度的宽松法规。但是，这里应该得以强调的是，其背后存在着后产业资本主义的力量，它意识到了资本主义基本原理，不断追求着新的差异性。

金融革命与金钱的力量

之前很多人认为，金融革命是由金钱统治力的增加引起的。金融市场在地理上的扩大和全球化可视为金钱的统治扩大到全球的结果。事实上，1997年夏天在泰国爆发的、瞬间波及全世界的亚洲金融危机，标志着全球性的金钱流动极大地动摇了整个世界经济。乍一看，它的确证明了金钱的统治力在扩大。

但是，从产业资本主义到后产业资本主义的变迁这一视角重新审视这个金融革命的现象，与之完全相反的结论就会浮现出来。金钱在全世界自由流动，并不是因为金钱的统治力在增加，而是金钱的统治力在减弱的结果。

在产业资本主义时代，金钱具有绝对的统治力。因为只要有钱，企业就可以得到大规模的机器设备；只要建设了机械类的工厂，企业就可以雇用到大量廉价的劳动力，几乎自动地确保获得一定的利润。有钱的人成为资本家，没有钱的人成为劳动者，他们之间建立了统治与被统治的关系。

但是，到了后产业资本主义时期，如前所述，老板只有机械类工厂，已然不能获得利润了。他们如果不想办法找到或创造出差异性产品，就不会产生利润。只有钱，不能获得利润。金钱的统治力在减弱。并且，正因为金钱的统治力减弱了，金钱的持有人才不得不满世界寻求投资方，哪怕有一点纯利率，哪怕有一点好处。

我的结论就是，后产业资本主义时代是金钱的统治力在减弱的时代。关于它的意义，我将在寻找“后产业资本主义中的公司新形式”的第 9 章中详细论述。

日本从产业资本主义到后产业资本主义的过渡

日本产业资本主义的衰退与日本经济高速增长时期的结束是同步的。

支撑日本开始于 20 世纪 50 年代经济高速增长的，是大量从农村向城市移动的人口。农民家里的二儿子、三儿子大量涌到城市，结果导致日本在地理上的人口结构发生了剧变。

我们重新看一下当时的新闻影片就会发现，很多画面反映了成群结队的农村就业人员到达东北线终点上野站的情形。这些就业人员接踵而至，涌向上野站或其他终点站，随之，城市工厂劳动者的工资就被压低了。虽然之后渐渐地有所提高，但是只要工资的上升率低于工厂生产率的上升率，产业资本主义的原理就可以运行无误。无论是谁，只要确保有充足的资金建设工厂，就可以雇用到大量工资相对低廉的劳动力，几乎是自动地产生利润。

但是，到了20世纪60年代后半叶，从农村到城市的人口移动速度急剧变缓了。城市资本主义产业的高速发展，导致城市人口迅速增长，在短短不到20年的时间内，农村的产业后备军几近枯竭。到此为止，成群结队到城市去就业的初中毕业生突然出现不足，变成了“香饽饽”，攻守双方的立场为之一变，这次是中小企业的总经理们主动到农村去寻找想就业的人。在这种状况下，城市劳动者的工资率开始急剧上升。

这意味着以低廉的工资再也雇不到劳动力，只依靠单纯的机器设备，已经很难产生利润。战后日本经济的高速增长由此结束了，于是，日本产业资本主义的原理也不再发挥作用了。

日本经济的高速增长结束于20世纪60年代后半叶。并且在稍后的1973年，日本还爆发了石油危机，甚至还有很多人认为，日本经济高速增长的终结就是石油危机导致的。但是最近至少在经济学界的观点认为，经济高速增长的终止源自于农村产业后备军的枯竭。

在这个意义上来说，从20世纪70年代开始，日本经济就已经陷入了不得不从产业资本主义向后产业资本主义过渡的境地。事实上，从这个时候起，日本经济的产业结构就开始出现了很大的变化，领导经济高速增长的制铁和造船等“重厚长大产业”①的地位开始渐渐下降。

尽管如此，从20世纪70年代到80年代的日本经济，基本上还是在产业资本主义的构造下继续发展着。从70年代后半叶到80年代后半叶，日本甚至还称得上“JAPAN AS NUMBER ONE”。那么，尽管工资在飞速上升，为什么此时的日本经济还可以使用之前的产业资本主义的原理呢？

理由很简单。因为日本的生产率到20世纪80年代初还大大低于美国和欧洲。还因为通过模仿和改良外国已经使用过的技术，依然能够创造出高于工资上升率的生产上升率。尽管产业后备军已经枯竭，但是日本由此在产业资本主义上还有可能产生利润。

而到了80年代后半叶，可以模仿和改良的现有技术资本最终到达了谷底。可以说不是产业后备军，而是技术后备军已经

---

① 重厚长大产业：表示重化学工业等产业的意思，指的是这些产业特质的经济用语，该词来自于这些产业是生产重、厚、长、大产品的产业。

枯竭了。当然，国内外的任何企业都不能轻而易举地模仿到他人的先进技术。大家都使用了以专利为首的各种制度和手段守卫着其中的秘密。并且目前的贸易、资本和技术的移动都极其自由化，拥有先进技术的外国企业，在日本企业模仿之前，就已经把它变成产品出口到日本了，或者带着这些技术在日本直接成立了公司，又或者以进出口许可证的形式把它高价卖给了日本企业。

因此，日本经济最终不得不面对产业资本主义的僵局。

美国的后产业资本主义始于20世纪60年代

据说美国经济从产业资本主义到后产业资本主义的真正过渡始于20世纪70年代初。

但是，在60年代已经出现端倪。证据是所谓的公司收购战在美国盛行于1965年左右。有人认为，这是只拥有机械类工厂不能获得利润的结果之一。因为比起重新成立公司，在现有公司的市场价值和资产价值之间寻找差异性，有时能获得更多的利润。另外，有经济学家和社会学家指出，这个时候美国产业结构的重心在统计学上也渐渐地从第二产业转移到了第三产业。

于是，在这种趋势下，进入20世纪70年代，弗里兹·马克卢普（Fritz Machlup）、丹尼尔·贝尔（Daniel Bell）和阿尔文·托夫勒（Alvin Toffler）等人开始使用“知识产业”“后工业社会”“第三次浪潮”等概念。不用说，这些概念和我所说的后产业资本主义指的是同一个现象。但是，我没有使用知识产业、后工业社会和第三次浪潮这些概念。因为这些概念所指的现象不是表示新社会的出现，而是强调它们全都归属于资本主义的框架之中。

在日本通过使用产业资本主义的原理走向繁荣的时期，美国已经开始了向后产业资本主义的过渡。日本经济在20世纪80年代之前，通过尽可能延长产业资本主义的原理，到达了巅峰状态，而与之相对，此时的美国经济刚好陷入绝境，看起来日本暂时赶上甚至超过了美国。

但是，现在想来，这是美国开始从产业资本主义到后产业资本主义过渡的时期。美国经济开始迅速过渡到后产业资本主义，相反，日本经济则变化迟缓，乍一看，日美之间好像颠倒了。并且，进入20世纪90年代，美国的后产业资本主义化告一段落，很明显这种颠倒的状态只不过是暂时的。

但是，这里有一个新的疑问。日式资本主义在目前全球化、IT化、金融革命的洪流中，因为不能把自己变身成后产业资本主义而感到苦恼。当然，美式资本主义在向后产业资本主义的过渡期，也经历过相当低迷的状态。虽然说同样是伴随过渡期的低迷状态，但是日式资本主义目前陷入的低迷状态，与美式资本主义经历的低迷状态相比，要更加深刻且长久。这是为什么？

要想回答这个问题，我们就要再一次把视线离开日本，重新仔细考察一下之前概述的、从18世纪后半叶到20世纪后半叶的产业资本主义时代。

后期产业资本主义与组织专用型人力资本

据说产业资本主义至少经历过两次产业革命。

第一次产业革命开始于18世纪后半叶英国纺织工业的机械化；第二次是从19世纪后半叶到20世纪前半叶，其中心是后起的资本主义国家美国和德国，在制铁业、机械工业、石油精炼工业和化学工业等方面相继发生了重大技术革新。以重化学工业为中心的技术革新，相对于18世纪后半叶以轻工业为中心的技术革新，称得上是第二次产业革命。

第二次产业革命的最大特点是它需要大规模的机器设备。当然，第一次产业革命时出现的纺织工业、印刷业和矿山业，与之前的农林水产业和家庭工业相比，也需要大规模的机器设备。但是第二次产业革命时大力发展起来的制铁业、机械工业、石油精炼工业和化学工业所需要的机器设备的规模，与之有天壤之别，不可同日而语。并且这些大规模机器设备带来的大量生产，极大地提高了劳动生产率。

如前所述，发达资本主义国家的企业形态因此发生了很大变化，我们再来回顾一下。

之前的企业要么是由一个企业家或一个家族直接持有的古典企业，要么是采取股份公司的形态、几个企业家或一小撮家族成为控股股东的“法人名义说”式的股份公司。于是，持有人直接经营公司，同样经营者自己持有公司。即使雇用专业经营者，控股股东也会让和自己一气的人成为经营者，甚至积极地干预经营的内容。

但是，第二次产业革命以来，少数有势力的家族个人持有的资产甚至已经不能供应一个公司所需的机器设备了。重化学工业方面的很多公司，不得不通过股票市场，从只拥有零散资金的普通大众那里筹集大量资本。这首先弱化了股东的统治力。事实上，如伯利和米恩斯指出的那样，在很多公司，股份的持有形式呈现出大众化，任何人都已经不能成为控股股东了。

但是，更重要的是，出现了专业经营者、工业技术人员和熟练劳动者。

有两个概念叫规模经济和范围经济。规模经济是指通过大量生产一种产品而降低生产费用的经济。范围经济是指通过同时生产多种产品而降低生产费用的经济。“规模经济”这个词在之前的很多经济学教科书上都出现过，但是“范围经济”这个词是在经营史学家艾尔弗雷德·钱德勒（Alfred Chandler Jr.）1990年出版《规模与范围》（*Scale and Scope*）以后才开始被很多人使用。第二次产业革命以来机器设备大规模的引进，使得规模经济和范围经济产生了发挥极大作用的可能性。

现在我只说，它使得规模经济和范围经济产生了发挥极大作用的可能性。为什么？因为要想“实现”规模经济和范围经济，只靠在工厂安装的机器设备是不够的。

投资的费用是一笔巨大的固定费用。如果不能充分高度确保安装机器设备的运转率，那么生产费用就不会下降到理想的程度。并且，为了高度确保机器设备的运转率，就要在短期内格外注意调整原材料的采购→在制品的管理→产品的销售等一系列过程，还要在长期内弄清楚市场的动态并且格外小心地制订计划，包括采购方的甄别、生产过程的组织化、销售网络的扩大等。当然，为了进行这些调整和计划，劳动者的技术能力、技术人员的开发能力和经营者的策划能力都是不可或缺的。并且，这些熟练技术和知识，即人力资产的大部分，都不是通用型的，而是具有组织专用型的性质。

钱德勒在一系列著作中用大量的资料历史性地证实了，在第二次产业革命之后产业资本主义的发展中，专业经营者的组织特殊型人力资产发挥了真正的作用。其中有名的是《看得见的手》（*The Visible Hand*）和刚才提到的《规模与范围》（钱德勒几乎没有触及到工业技术人员和熟练劳动者的组织专用型人力资产的作用，但其重要性不言而喻）。借用钱德勒的话说，“理想中的规模经济和范围经济，依靠的是生产设备在物理上的特征，但是现实中的规模经济和范围经济则是组织（特异）型的。因为这种经济依靠的是把技术程序的可能性变成现实的、不可或缺的，具有组织化的人类能力——知识、熟练技术和协作”。因为我不擅长翻译，可能不能充分传达出他要说的内容。

也就是说，在第二次产业革命以后发展起来的重化学工业方面，为了发展壮大起来，产生足够多的利润，股份公司企业一方面要筹措大量资金投入到大型机器设备上，另一方面还要培养体现组织专用型人力资产的熟练劳动者、工业技术人员和专业经营者。

在这个意义上来说，伯利和米恩斯所说的“所有权与经营权的分离”，的确是后期产业资本主义的自身要求。

已经很明显，日式资本主义是高度适合于后期产业资本主义①的资本主义。进入明治时期以后，在稍迟加入资本主义社会以来，日本经济无论在第二次世界大战之前还是之后，都取得了令人惊异的发展。针对这一发展，当然有很多原因，但是其中发挥特别重要作用的，是组织专用型人力资本的积累。特别是在战后，通过相互持股把自身作为“人”的日本公司，在制度上排除了被股东套牢的可能性，创造出了在终身雇佣制、年功序列制、企业工会制之下熟练劳动者、工业技术人员和专业经营者积极学习熟练技术的环境。

---

① 后期产业资本主义：是指产业资本主义后期的资本主义，不同于文中的“后产业资本主义”。

但是现在，至少在发达资本主义国家，在资本主义的统治性形态从产业资本主义到后产业资本主义大脚步过渡的过程中，过去的荣光已然变成了现在的桎梏。由于日式资本主义构建了过于适应产业资本主义，特别是后期产业资本主义的公司体系，所以在全球化、IT 革命和金融革命名义下急速向后产业资本主义变革的过程中，遇到了极大的困难。

第 8 章

事实标准与核心竞争力

21 世纪的公司组织

大致来讲，在产业资本主义时代，公司的原本形象是机械类工厂。纺织公司的纺织机、制铁公司的熔矿炉、石油精炼公司的石油联合厂和汽车公司的组装带式运送机等都是公司的原本形象。这是理所当然的。因为机械类工厂才是利润的源泉。并且，股份制也基本上是作为从大众投资人广泛筹措建设这些机械类工厂所需资金的手段而引进的。

第二次产业革命以来，为了更加有效地运营超大型的机械类工厂，公司就需要很多专业经营者、工厂技术人员和熟练劳动者。要满足这些，公司制度不仅是筹措大量资金的手段，而且还起到了充当公司组织专用型人力资产“事实上”持有人的作用。因为这样防止了专业经营者、工厂技术人员和熟练劳动者被控股股东套牢，放心地积累只利于一家公司的知识和能力。但是在这种情况下，虽然说组织专用型人力资产是不可或缺的，但它终究起到的只是辅助有效运营机械类工厂的作用。公司的核心依然是机械类工厂。

那么，在由后产业资本主义统治的 21 世纪，公司到底是一个什么样的存在呢？

现在全世界都在寻找答案，也在进行着各种各样的“商业模式”的试验。可以肯定的是，还没有人找到正确的答案。

但是，有一点可以肯定，它和手握金钱的资本家只要建设机械类工厂即可获得利润的产业资本主义时代不同，已经不存在具有统治地位的组织形态了。理由很简单。因为利润只能从差异中产生。在后产业资本主义中，有意识地创造出差异性是至上使命。但是，创造差异性的方法确实千差万别——或者说只有差异，并且，由于创造差异性的方法千差万别，公司组织的形态也千差万别。

但只是这样说没有根据，所以我接下来就21世纪公司组织的形态，大致陈述一下我自己的观察。

后产业资本主义中的“物”、信息和金融的标准化

前一章已经论述过，全球化、金融革命和IT革命是后产业资本主义的三个侧面。

全球化正在让全世界变成一个全球性的市场，全世界生产的“物”可以在全世界买卖。对消费者来说，只要有足够多的收入，就可以购买到全世界任何地方生产的“物”。全世界的消费者有着相同的消费单。

与之相对，如第1章所述，对很多生产者来说，全球化未必

是喜讯。因为之前或多或少受到国家、语言、文化等传统差异性保护的区域生产者，突然被抛进了全球性市场。全世界的生产者不得不在同一个市场中开始相互竞争。例如，由于具有外国资本的超市的进入，当地城市的商业街就突然衰败、凋零了，这样的例子在全世界不胜枚举。发达国家的中小企业在价格竞争中会输给来自使用廉价劳动力的发展中国家的进口商品而面临倒闭，其数量惊人，并且由此导致失业的劳动者数量也非常巨大。但是，如果成为全球竞争中的优胜者，其回报也是相当可观的。总之生产者从此不再受国家、语言、文化的制约，可以把产品卖向全世界。

不管怎样，后产业资本主义通过全球性的竞争，去除了传统上的各种差异，具有把全世界的“物”标准化处理的倾向。

在后产业资本主义之下的金融革命也带来了新的金钱融通方法——金融的标准化。

之前的金融部门无论在哪个国家都是按照商业银行业、信托银行业、证券业、人寿保险、财产保险等业种，像藩篱一样被隔开，各自受制于相关政府机关或部门。但是，被称为“金融大改革”的金融自由化政策拆除了业种之间的这道藩篱。结果，金融部门不再根据官方的业种，而是根据金融商品的种类进行分化，重新编织成债券市场、股票市场、外汇市场、期货市场、期权市场、互换市场、保险市场等一系列市场之间自由而紧密的关系网。还出现了以风险的种类和期限的长短及地域的特点，甚至它们之间的各种组合为商品进行买卖的市场。由此，在原则上，谁都有可能根据个人的喜好提供资金，也可以被供应大量的资金。结果，只要有充分的信用，任何人都有可能根据自己的需要，以较低的利率和手续费融通资金。

钱变得不值钱了。并且，全球化导致全世界的人几乎能够在相同的条件下使用便宜的钱，可以说是金钱的标准化，虽然这一说法可能会招来误解。

最后是IT革命。

第一，IT革命飞速提高了电脑处理信息的能力。它可以通过电脑模拟相当一部分之前劳动者和技术人员不得不依赖技巧和灵感——说得专业点，即隐性知识——的复杂生产工序和技术开发程序。由此使很多产品和技术设计变成了“Open Architecture”。

这里使用的Open Architecture翻译成“开放式架构”稍显突兀，所以就使用了英文的形式。它是指把产品和技术设计分解成几个几乎独立的模式——用更加确切的话说，即模块，同时用尽可能规格化的界面把它们连接起来。例如，将计算机分解成处理器、存储器、硬盘、显示器、光驱、调制解调器、接线端子、键盘、鼠标等标准化的零部件，对每个零部件进行独立生产，最后把它们装进一个规格化的机箱中，再用规格化的电缆连接起来，制作成一个成品。因为这样可以把各个零部件交给最有效率的生产者进行生产，所以，分工的利润就会变大，还能在整体上大幅降低所需的费用。

这里重要的是，如果产品和技术设计变成 Open Architecture，即使某一个模块的生产工序发生技术变化，也不会影响其他模块的生产工序。再者，即使消费者对产品的嗜好发生变化，在大多数情况下也可以通过改变模块与模块之间的组合来应对。

当然，并不是所有的生产工序和技术开发程序都会适应 Open Architecture。例如像汽车这样具有有机一体性的产品，因为零部件之间的相互依赖度较高，所以全面的 Open Architecture 比较困难。说起来，在生产中按照模板在特殊化处理的零部件之间进行微妙的综合比较重要，并且仍然需要传统的技巧和灵感。但是，尽管如此，还是应该要在各个部分进行 Open Architecture 的尝试。

第二，IT 革命使很多信息扩散到了全球。通过爆炸式的网络普及，任何人都有可能向全世界提供信息，也都有可能获得全世界的信息。这意味着，无论是什么样的信息，一旦和网络连在一起，它都可以通过网络传播到全世界，在原则上成为全世界所有人共享的信息。IT 革命带来的信息全球化，同时也是信息的标准化。

也就是说，后产业资本主义中的 IT 革命催生了 Open Architecture，由此使生产“物”的技术和开发这些技术的程序变得标准起来，更通过蔓延全球的网络，使这些信息在全世界范围内变得标准起来。

在后产业资本主义中，“物”、金钱和信息都有着强烈的标准化倾向。

“变成”与“充当”Open Architecture

之前我强调过很多次，在后产业资本主义中，必须要有意识地创造出差异性。而我现在又强调在后产业资本主义中，“物”、金钱和信息都有着强烈的标准化倾向，这是矛盾的。但是，这个矛盾正是后产业资本主义的本质。后产业资本主义就是在一切标准化倾向中，必须创造出差异性的资本主义。从差异中产生利润的资本主义，本来就蕴含着通过差异性这个媒介，消除自己生存基础的差异性本身的本质矛盾。后产业资本主义只是通过它是资本主义的纯粹形态体现这一矛盾的。

思考后产业资本主义中公司组织的问题，无非是思考在一切标准化倾向中，如何创造出差异性、如何确保差异性的问题。

因此，我们最先要考虑的是 Open Architecture。我刚才论述道，IT 革命具有催生 Open Architecture，并由此使生产“物”的技术和开发这些技术的程序变得标准起来的倾向。但是，这里必须要注意的是“变成”和“充当”Open Architecture 之间的区别。之前对 Open Architecture 的讨论，好像是在说 Open Architecture 本身就是公司的未来。但是，这大大混淆了“变成”和“充当”Open Architecture 之间的区别。

例如，美国的戴尔公司是 1984 年由迈克尔·戴尔（Michael

Dell）用很少的资本金在得克萨斯大学的学生宿舍创办的计算机网络直销公司，该公司通过计算机生产的 Open Architecture 化，在短短 20 年时间内一跃成为世界最大的计算机制造商。其被称为“戴尔模式”的供应链管理（SCM）方式，是指在生产台式计算机的情况下，自己公司的工厂承担主机的生产，显示器等相关机器的生产则承包给遍及全世界 30 家左右的零部件制造商，并通过网络接受顾客对产品和规格要求的订单，然后把顾客指定规格的计算机主机和相关机器直接空运到距离顾客较近的物流点，并现场组装、包装、发送。这样一方面可以根据顾客的喜好提供形式多样的产品，另一方面还可以基本上保证产品的零库存。

但是，戴尔公司能获得巨大利润的理由并不在于 Open Architecture 自身。它的成功是因为戴尔公司先于其他公司一步，并且比其他公司更加彻底地采用了 Open Architecture。由此与其他公司相比，戴尔才有可能大幅降低费用并使得计算机的规格更加多样化起来。

利润只能从差异中产生。Open Architecture 只是创造出有异于其他公司差异性的手段而已。无论再怎么是 Open Architecture，如果其他公司也同样采用 Open Architecture，就不会从中产生任何利润。一旦某个生产技术和开发程序成为某家公司的 Open Architecture，它就可以轻易地被任何人模仿，而不再产生利润。众所周知，计算机行业的荣枯变迁非常激烈。即使是目前世界最大份额占有率的戴尔公司，如果稍稍松懈，也会瞬间被其他公司超越。甚至可以说，消除一切差异性的 Open Architecture 自身是以追求利润为目的的资本主义的仇敌。

当然，如果能够更进一步推进 Open Architecture，就有可能进一步促进发展。例如，可以把已有的生产技术和开发程序分解成更细化的模块，在全世界更广泛地寻找生产比现在更加便宜的各个模块的供应商，或者把某个已经存在的 Open Architecture 方法应用在其他不同产品和业种上。但是，无论什么样的生产技术和开发程序，都会接近于极限状态，总有一天会不能再细分，或者细分了之后反而会降低效率。事实上，据说计算机技术已经接近了这种极限状态。因此，戴尔公司要想进一步发展，不仅要进一步扩大供应商网络的全球化，还要尝试在计算机之外的领域应用戴尔模式。例如，2001 年，戴尔公司在亚洲把只设在马来西亚槟榔屿的工厂，改建在了工资更加便宜的中国厦门。另外，还积极地投资与网络基础设施的服务器相关的服务业。

但是，供应商网络的全球化总有一天会走到世界的尽头，Open Architecture 在其他产品和领域的应用也不会接二连三地取得成功，最后会回到 Open Architecture 自身不能长期成为利润源泉的出发点（但是，我在这里不想预言戴尔公司不会再进一步发展了。针对戴尔公司，我之后再做论述）。

一个公司要想持续不断地产生利润，就需要在 Open Architecture 的倾向中，确保具有不被 Open Architecture 化的独特差异性。

变大与变小

在 Open Architecture 化的潮流中，公司组织大致有两个方向——变大和变小。

在产业资本主义时代，大就代表着好。为什么？因为那是机械类工厂的时代。只要能建成具备大量生产用机器的工厂，就能大量雇用到廉价的劳动力，所以几乎可以自动地获得大量收益。在第二次产业革命以来，特别明显。在第二次产业革命的主角——制铁业、机械工业、石油精炼工业和化学工业中，规模经济和范围经济发挥了很大的作用，所以，要想进行有效的生产，就必须要在大规模的机器设备和工厂设施上进行投资（前一章已经论述过，同时还要不可或缺地培养专业经营者、工业技术人员和熟练劳动者，振兴“法人实在说”式的公司）。20 世纪正是“重厚长大产业”的时代。

但是，进入后产业资本主义时代，来自农村的廉价劳动力已经枯竭，机械类工厂已经不能保证自动地获得利润，作为机械和工厂资产的价值也相对下降了。而且，金融革命导致只要有信用，任何人都可以在全世界以几乎相同的条件借到钱。夸张点说，即便大型的机械类工厂仍有市场，任何人都可以轻而易举地接手。

也就是说，和产业资本主义时代不同，后产业资本主义时代的企业活动基本上不受与生产设备相关的规模经济和范围经济的限制，很是自由。

但是，这也并不意味着公司组织的大小完全没有意义。只是它不再像以前那样由与生产设备相关的规模经济和范围经济决定公司大小的基本因素。事实上，“物”、金钱和信息，都可以通过Open Architecture带来的标准化，在全世界以几乎相同的条件获得。这意味着，在“物”、金钱和信息的“流通”方面起作用的规模经济和范围经济取代了生产设备的规模经济和范围经济，有可能成为决定公司大小的重要因素。

变大后的利益

我刚才论述道，在产业资本主义时代，大就代表着好。但同时在那个时代，太大也意味着坏。为什么？因为与生产设备相关的规模经济和范围经济一般情况下不会无限延续。除了电力供应等所谓的自然独占型事业以外，生产设备都有一个最佳规模，太大会由于各种原因而降低生产效率。

但是，在对“物”、金钱和信息的流通发挥作用的规模经济和范围经济中，很多情况下看不到这种界限。

例如，提到与“物”有关的流通，如果可以在全世界扩大销售网络，采购大量的商品，那么就可以要求制造商大打折扣。由此还能起到相辅相成的效果：如果能降低销售价格，就可以增加销售额，更能扩大降价带来的利润。并且，一旦使用建好的销售网络，也会同时使得其他各种商品流通起来，这样会进一步提高销售额。因为活用这些与流通相关的规模经济和范围经济，以国家为单位比销售网络是区域单位的时候更有利，而且还更有利于扩大到世界单位。

很早以前，在全球化的浪潮中，应用这种流通的规模经济原理的连环折扣方式，从美国扩展到全世界，也“破坏”了日本各种消费品的价格。我现在依然对此记忆犹新、历历在目。众所周知，在不久前的 IT 革命浪潮中，亚马逊公司把这一原理运用在了网络上，该公司在书籍销售上取得了巨大的成功。接着亚马逊公司进一步把在书籍上使用的这种方法扩大到音乐、电影等软件和电子产品上，想以此确保规模经济和范围经济的发展。

刚才提到的戴尔公司，通过积极推进称之为戴尔模式的 Open Architecture 化战略，瞬间发展成为世界最大的计算机制造商。但是一旦通过戴尔模式获得成功，那么戴尔模式自身的革新性就已经消失了。总之，因为它是 Open Architecture 自身，所以任何人都可以模仿。实际上，之后很多计算机制造商和相关产品的制造商都开展过类似的供应链，向戴尔公司追击。但是，戴尔公司却依然在继续发展。这是因为它最终在构建蔓延到全世界的物流网络方面取得了成功。例如，戴尔公司在日本的关西地区也设置了之前只在关东地区才有的物流点，进一步缩短了从订货到收货的时间。这样就有可能使销售量进一步增加，使价格进一步降低。但是，构建这种世界性的物流网络，并不是戴尔公司的专利。如前所述，它正是在物流方面成为大型公司的捷径。

关于金钱的流通网络，即金融市场方面，规模经济和范围经济的作用也在很多情况下是没有界限的。目前，全球化导致全世界成为一个金融市场，全世界的贷款方和借款方都在相互寻找条件优越的对方。这个时候，在架起借贷双方之间桥梁的金融中介行业中，一方面对于金钱贷款方的个人来说，可以整套提供银行账户、投资信托和保险合同等各种各样的金融商品；另一方面对于金钱借款方的企业来说，可以整套提供从运营资金的融资、公司债券和股份的认购到资产运用的建议，以及公司合并的调解等各种各样的金融服务。这些都会在商业活动中带来压倒性的好处。也就是说，金融中介行业可以同时经营银行、证券、保险等形式多样的业务，有机会还可以瞬间移动巨额资金，直接调集大量专业人员。据说这是在全球性金融市场激烈竞争中取得胜利的不可或缺的存在。这其实正是范围经济和规模经济。事实上众所周知，在现在的世界金融市场上，花旗集团、富国银行、美洲银行、德意志银行、UBS、摩根大通银行、高盛集团等大型综合金融公司迅速形成了垄断之势而独占鳌头（然而遗憾的是，日本的银行和证券公司并不在其列）。

事实标准

最后是信息的流通。我已经陈述过很多次，信息的商品价值是其中的差异性。无论多么有用的信息，只要被很多人共享，它就失去了经济意义上的价值。但是，流通这些信息的媒介则是由完全相反的原理在起作用。

这就是“事实标准”（de facto standard）的原理，意思是指使用某“物”作为标准，就是除了使用它作为标准这个事实之外没有其他任何理由。也就是说，某“物”是事实标准，不是因为它比其他“物”优秀才被很多人使用，而只是被很多人使用后才被更多人使用。其中发挥作用的无非是“自我循环推理”而已。

实际上，事实标准更加纯粹古老的例子是金钱，即货币。货币作为任何人随时随地都会承认的一般交换手段，无非是资本主义经济中的标准之标准。以货币为媒介，使卖方与买方之间无数的商品流通成为可能。关于货币的材质，以前是贝壳、宝石或金银等自身就有价值的“物”，而到了近代，则变成了铜镍等廉价的金属薄片、印有复杂图案的纸片、带有密码的电波信号等自身几乎没有价值的“物”。人们之所以能把这些金属薄片、纸片和电波信号当作货币，只不过是因为他们想着其他人也把它当作了货币。并且，其他人也把这些金属薄片、纸片和电波信号当作货币，也只不过是因为他们想着另外的人把它当作了货币。这里发挥作用的正是单纯的自我循环推理。这个自我循环推理使自身没有任何价值的金属薄片、纸片和电波信号变成了标准之标准的货币并流通起来（关于“货币是什么”这个问题的详细讨论，请参照《货币论》，筑摩书房，1993；筑摩学艺文库，1998）。

与此相同的原理也在信息流通的媒介上发挥着作用。最广为人知的例子就是个人电脑的 OS（操作系统）。

加里·基尔代尔与比尔·盖茨

OS 是在电脑上操作文字处理器、表格计算、网络浏览器和电子邮件客户端等应用软件所需的基本软件。它使电脑上的各种软件和硬件之间的信息交换成为可能，是信息流通的媒介。现在微软公司的 Windows 系统在计算机的 OS 软件市场上占有压倒性的份额，其前身 MS-DOS 系统成为 IBM 计算机的 OS，则纯属幸运，这是众所周知的事实。

8 位数微处理器计算机最初的 OS 是被称为 CP/M 的软件，由就职于英特尔公司的加里·基尔代尔（Gary Kildall）开发。基尔代尔之后为了把 CP/M 变成商品创办了星系数字研究所（之后更名为数字研究公司）。1980 年 IBM 公司想要把计算机市场化的时候，最初采用的 OS 就是这个 CP/M，但不知道为什么，之后与数字研究公司的关系决裂了，不得已只得依靠前途未卜的微软公司来开发 OS。微软公司因为没有自创的 OS，所以只好从开发了 CP/M 的 16 位数微处理器版本的西雅图电脑产品公司那里购买版权，并命名为 MS-DOS 提供给 IBM 公司。作为 OS，据说数字研究公司之后发布的 CP/M 新版本更加优良，但是 MS-DOS 被 IBM 公司的计算机 OS 采用后，最终占据了大量份额。

另外，在苹果公司的 Mac OS 和微软公司的 Windows 之间的竞争中，虽然据说 Windows 的各种功能只是 Mac OS 的翻版，但是 IBM 公司得益于采取了允许发售其他公司开发的兼容计算机，确保了 Windows 在市场上的压倒性份额。

不管哪种情况，其理由都是事实标准的原理。其开端是 IBM 公司把自己公司计算机的 OS 制作委托给了微软公司，之后又采用了兼容计算机的允许路线，微软公司的 OS 以此为契机获得了相对庞大的市场份额。由此，很多应用软件一开始写给了 MS-DOS，之后又写给了 Windows，另外很多计算机制造商一开始采用了 MS-DOS，后来又采用了 Windows 作为其 OS。于是 MS-DOS 和 Windows 由此具有了相辅相成的效果，其市场份额得到了进一步的提高。

当然，微软公司本身也一方面推进了无限接近于反对搭配销售应用软件等垄断性的战略，另一方面给开发应用软件的其他公司提供基本信息，可以说在明里暗里都在为提高 MS-DOS 和 Windows 的市场份额而努力着。这是不争的事实。但是微软公司发挥的相辅相成的效果超出了自身的意图，使 MS-DOS 和 Windows 成为世界 OS 的标准。

于是，微软公司的创始人之一比尔·盖茨（Bill Gates）成为世界首富，而 CP/M 的开发人基尔代尔却只是作为一名被大家认识的计算机从业人员，在 1994 年过世了，享年 52 岁。死因不明，据说是因心脏停搏而跌倒，猛烈撞击了头部。

不过，最近随着旨在纯粹免费公开 OS 的 Linux 的普及，好不容易出现了打破 Windows 独占鳌头的迹象。

此外还有很多事实标准的例子。例如 20 世纪 70 年代后半叶，索尼的 BETA 格式和日本胜利公司的 VHS 格式在录像机方面发生了激烈的竞争。据说 BETA 格式在技术上处于优势，但是结果却是成功合作了很多家电制造商的 VHS 格式掌握了市场的霸权。

另外，在 20 世纪 80 年代，围绕计算机的 5.25 英寸软盘下一代磁盘的规格产生了竞争，索尼的 3.5 英寸磁盘和松下、日立、麦克赛尔的 3 英寸磁盘争夺着业界标准的地位。此时索尼汲取录像机竞争失败的教训，通过发动苹果公司和美国标准化机构 ANSI，更是几乎免费地提供技术，确保了标准的地位。实际上，索尼本来打算通过再下一代 2 英寸的磁盘来捞回这一次大肆挥洒的费用。但不幸的是，之后硬盘的价格急速下降，削弱了软盘作为外部存储设备的实用性，结果，2 英寸的磁盘，除了少量用在文字处理器上外，几乎难寻其踪影。

计算机上的 OS、录像机的格式和软盘的规格，都是让多个硬件和软件之间的信息交换成为可能的信息流通的媒介。这种信息流通的媒介，虽然没有货币那么单纯，但是和作为商品流通普通媒介的货币一样，都具有相同的“自我循环推理”的构造。它正是事实标准的原理。并且，由于这个事实标准的原理，导致了少数甚至只有一个产品和公司统治着市场。

核心竞争力

那么，后产业资本主义时代比产业资本主义时代更以“大”为好吗？

答案当然是否定的。

第一，规模经济和范围经济无限发挥作用的大概只限于以“物”的流通、金钱的流通和信息的流通等为媒介的网络化经济活动。在除此之外的领域，它未必有利于效率的提高。第二，只是在“物”的流通、金钱的流通和信息的流通等领域内，追求规模经济和范围经济，甚至追求事实标准，未必是运营公司的成功道路。

我再强调一次，在后产业资本主义时代，企业活动基本上不受与生产设备相关的规模经济和范围经济的统治，很是自由，这一点很重要。利润只能从差异中产生。各个公司可以不受组织的规模和范围的拘束，全身心地创造、维持、扩大独自的差异性。

不，很多产品和技术在走向 Open Architecture 化的过程中，除了确保不被 Open Architecture 化的独特差异性之外，公司别无生存之路。

这种创造、维持、扩大其他公司不容易模仿的独特差异性的能力，我们在经济学上称之为公司的“核心竞争力”。它最终是指各个公司组织积累的固有资产，特别是知识资产，还被称为“组织能力”“组织惯例”“经营资源”或“公司文化”，意思都基本相同。

通用电气（GE）公司曾经独占着白炽灯的专利，现在可口可乐公司秘藏着可口可乐的配方，这些都是有名的案例。不仅是这些因具有特殊技术和产品而名扬世界的公司，就连很多大中小型公司，都是把特定技术的专利和特定产品的秘方作为获益的最大源泉。作为知识资产的专利和秘方，甚至是品牌和顾客群等，很明显都是其核心竞争力。

但是，在现在这个急剧变化的时代，即使在某一个技术上具有压倒性的优势，也依然不知道什么时候会出现一个更优秀的技术；即使某一个产品在市场上占据很大的份额，也有可能不一定什么时候会远离消费者的嗜好。因此，更加正确的理解是，核心竞争力是在不断变化的环境中，结合生产现场的生产技术、开发部门的产品开发能力和经营层的经营手段，有效且迅速地不断制造出震惊市场、具有差异性的产品。更应该把它重新定义成“全体组织的能力”。它不是专利、秘方、品牌、顾客群等已经“物”

化的知识资产，而是在能产生这种知识资产的组织中固有的人力资产的总和。它不是静态的，而是一个动态的概念。

变小后的利益

核心竞争力这个概念近年来开始成为一个学术用语，但是其本身当然来自于产业资本主义时代。刚才提到的通用公司的前身是爱迪生通用电气公司，是一家托马斯·爱迪生（Thomas Edison）和相关技术人员把发明能力作为核心竞争力的公司。之后，与围绕白炽灯的专利问题产生争执的英国的约瑟夫·斯旺（Joseph Swan）达成了和解，与汤姆森·休斯敦电气公司合并，成立了通用公司。虽然名字上不再保留爱迪生的名字，但是受过他熏陶的技术人员们形成了这个重要的核心竞争力。

核心竞争力这个概念近年来之所以被“发现”，并开始被经营学家等很多人挂在嘴上，首先是因为时间到了后产业资本主义时代，Open Architecture 有了进展。产品和技术设计被分解成了很多独立的模块，很容易就能比较出各个公司的哪个部门具有优势。例如在计算机产业中，一家公司熟悉 LCD 显示器的生产，却在 CRT 显示器的生产技术方面略有欠缺；或者一家公司在存储芯片的开发方面，别人无法效仿，却不擅长销售；又如一家公司在产品设计上善于抓住消费者的心理，却在各个零部件的生产技术方面表现平平；等等。

如此一来，很多公司为了提高公司整体的竞争力，采取的战略是专攻自己比较有优势的产品、零部件的生产和开发。在模块化产品的情况下，即使把不擅长的产品、零部件的生产和开发外包给其他公司，也不会太影响其他部门的效率。结果，各个公司的核心竞争力更加鲜明起来。

实际上，这是第 1 章开头论述的“重组”，即“重新建构”的本来含义。这使各个公司指定了自己的核心竞争力，并把人力资产集中投资在了这个核心竞争力上。很多情况下，结果使公司舍弃了自己不擅长的领域，缩小了规模，所以在日本，“重组”这个词成为“解雇”的同义词。

而且，在像物流、金融中介和信息媒体这样规模经济和范围经济发挥巨大作用、有时候事实标准的原理发挥作用的领域，反而有很多公司尝试通过有意缩小公司组织的规模和范围，来确保不和大型公司直接竞争的利基市场（缝隙市场）。就拿金融中介行业的例子来说，大型综合金融公司都是在全世界遍及分店网，把银行、证券、保险等一切领域的业务交给旗下的公司。为了在这些大型公司之间激烈竞争的全球性市场中生存下来，小公司要做的无非是大型公司不能做的事。其中的方法，例如像地方银行和信用金库那样通过紧靠区域经济，量化贷款方和借款方，并以此信息为基础，细化资金的借入和借出来确保利益；或者像独立投资银行那样熟悉高端医疗器械和纳米技术等特殊领域的信息，通过在该领域有前途的项目上进行融资、担当顾问来确保利益。[①]不管哪种情况，小公司都要通过发现利基市场来确立自己的核心竞争力。因为利润只能从差异中产生。

综上所述，在走向 Open Architecture 化的过程中，公司组织的形式之一就是“变小”。

核心竞争力与企业网

但是我在这里必须要指出，不能从太短期的视角来考虑核心竞争力这个概念。如刚才所述，对核心竞争力的追求，很多情况下意味着集中生产和开发几个模块。但是，短期看起来有利的这个战略，也有可能在长期上是不利的。为什么？因为在后产业资本主义时代，变化才是常态。即使现在不合算，只要不断开发公司内有价值的模块，那么市场环境一旦发生了很大的变化，与之对应的新产品设计的选项就会扩大，可能会有利于长期发挥作用。而且，像汽车那样原本难以 Open Architecture 化的产品，只有微妙组合出相互依赖度高的无数零部件、不断开发出有机的统一性高的产品、实现高效生产的综合能力，对公司来说才是应该

---

① “独立投资银行”这个叫法引自于纽约罗伯茨·米塔尼投资 LLC（有限）公司创始人神谷秀树的《华尔街模式——五个人的“大公司”》（亚纪书房，2001）这本非常有趣的书。

被视为最大的核心竞争力。处于公司中心地位的核心竞争力，不是个别技术和产品，而是存在于能够不断产生具有差异性的技术和产品的组织中的人力资产。

另外我还必须要指出一点。我之前论述到，在后产业资本主义时代，公司追求各自核心竞争力，结果导致把不擅长的产品、零部件的生产和开发外包给其他公司的倾向很强。但是，问题在于这个“其他公司”是多大程度上的“其他”公司。说得再明白一点，是到市场上广泛寻找外包公司，还是限定在一个极少的范围内呢？

在技术上已经成熟的产业中，通过在市场上广泛寻找零部件的供应商，有可能消减产品整体的生产费用。并且最近也有很多公司实际上通过使用网络等手段，从全世界筹集最廉价的零部件，取得了成功。

但是，在必须经常技术革新的高科技产业和必须经常向顾客提供崭新产品的消费品产业中，为了及时应对激烈的变化，就要和各个零部件供应商不断交换制造技术和产品设计细节方面的信息。于是，为了使之成为可能，就必须要和供应商之间确保密切的互信关系。

但是，无论关系再怎么紧密，如果把一种零部件只委托给一个供应商，都相当于把垄断权给了对方。因此，据说为了促使供应商之间产生竞争，很多情况下都希望把一种零部件委托给两三个企业。也就是说，长远来看，针对每一种零部件，和能够共同开发技术和讨论设计的极少数供应商建立长期的关系，比从市场上广泛筹集零部件，更有可能产生好结果。例如，在意大利北部的产业区，其不断制造的布料和衣料、皮鞋和皮制品、化妆品和饰品、餐具和家具等，被公认为引领着世界的时尚。据说这个产业区的很多公司，从20世纪70年代开始，一方面，缩小企业主体的规模，专门致力于品牌和销售网的开发；另一方面，构建一个体系，甚至把相当重要的零部件和产品都外包给与生产和开发保持长期联系的少数几家供应商。

大而言之，后产业资本主义时代的公司组织，具有两极分化——变大和变小——的倾向。

那么，除了公司组织的规模和范围，公司这个组织形态本身，会变成什么样呢？

第9章

后产业资本主义中的公司形态

21 世纪是股东主权的时代

在 20 年前，非常流行问：“公司属于谁？”这在公司只属于股东的美国式“股东主权论”和公司（至少一部分）也属于员工的日本式“公司共同体论”之间，产生了大争论。其一是受到日本式公司体系取得“成功”的刺激，其二是受到高涨的市民运动追究公司社会责任的影响。

但是，到了 20 世纪 90 年代，这一争论渐渐停息。这是因为，通过相互持股极力排除股东影响力的日式资本主义，在经济泡沫崩溃后，有 10 年以上处于低迷状态；而通过股票市场活跃的公司收购活动强化股东经营统制的美式资本主义，却维持了 10 年以上前所未有的繁荣。此时在以美国为发源地的全球化浪潮中，美国标榜的“股东主权论”一时间占据了“国际标准”的地位。

但是，我在论述法人争论的第 4 章中明确说过，公司制度与股东主权论假定的单纯构造不同，它不仅可能成为一种实践股东主权的“法人名义说”式公司的构造，而且可能成为一种以维持和发展公司本身为目的的“法人实在说”式公司的复杂构造。我们不能先验性地决定美式公司、日式公司，甚至其他形式的公司中到底哪一个才是标准的公司形态。另外，我在解释公司制度基本构造的第 3 章中提到，公司经营者自视甚高的美式公司治理，把股份公司和古典企业一视同仁存在着理论性谬误。公司的经营者是作为社会公器的公司的信托受托人，其行动中承担着一种伦理性。

我已经多次指出，在2001年年末，被认为是美式公司治理模范案例的安然能源商社倒闭了。谁都清楚，这标志着美式公司治理蕴含着本质的矛盾。之后，除了安然公司之外，其他有名公司的假决算丑闻一个接着一个地暴露出来，人们一下子对正在确立国际标准地位的美式公司体系丧失了信赖。美国的股票市场开始动摇，持续10年以上高速增长的美国经济最终跌入了低谷。

尽管发生了安然事件，但仍然还有很多经济学家、决策者和大众传媒认为，长期来看股东主权式的公司依然是主流。因为他们认为，即使公司制度在理论上存在股东主权式公司结构和共同体式公司结构的可能性，但是从现实情况来看，之前引领IT革命、金融革命和全球化的美式公司，才是最符合后产业资本主义的公司形态。

但是我接下来想论述的是，在后产业资本主义时代，股东主权式的公司不可能成为国际标准。为此，我们首先有必要重新考察一下后产业资本主义和公司制度之间的关系。

从有形资产到知识资产

在布鲁金斯学会的玛格丽特·布莱尔（Margaret Blair）博士

和麻省理工学院的托马斯·寇肯（Thomas Kochan）教授编写的《新型关系——美国公司中的人力资本》(布鲁金斯学会出版，2000）一书中，有以下数字。他们计算了 1978 年年末在美国股票市场上市（除金融机构外）的所有企业的市场价值总额，从明细中可知，机器、设备、建筑物，甚至包括计算机器械和软件在内的有形资产的价值，所占的比率为 83%。但是，由 20 年后 1998 年年末的市场价值总额明细可知，有形资产的价值所占的比率竟然只有 31%。市场价值总额的其余部分，则被视为品牌、专利、数据库、经营者的策划能力、技术人员的开发能力、员工的技术知识等自身没有具体形式的、所谓无形资产的价值。在这 20 年间，美国的富国之路——从有形资产到无形资产发生了很大变化（这里作为市场价值总额的数字，综合计算了股票总价值和长期负债额。因为 1998 年这一年的确是美国股票泡沫的顶点，所以我认为对这个数字估计过高，但是即使排除掉泡沫的因素，无形资产价值的比率也毫无疑问是相当大的)。

布莱尔和寇肯称之为无形资产的资产，在某种意义上表示“知识”和“能力”，也可以被称为“知识资产”。其中的品牌、专利和数据库等，是可以被人为分开加工而成的知识和能力，所以具有“物”的性质，按照第 5 章的分类，应该被视为实物资产。而经营者的策划能力、技术人员的开发能力和员工的技术知识等，则是不能被人为分开、积累在人们头脑中的知识和能力，所以当然属于人力资产的范畴。

这些都是宏观数据，而从微观来看，还有些更极端的数字。

很少有人会质疑微软公司是后产业资本主义的代表。我用电脑下载了微软公司的《年度报告 2001》，计算了 2001 年 6 月末微软公司的市场总价值，大约是 390 亿美元。再打开财务报表可以看到，当时微软公司持有的机器设备和电脑软件等有形资产的价值却只有 23 亿美元，还不到一成。也就是说，市场给予微软公司的九成以上的评价，来自于它积累的知识资产的价值。

比尔·盖茨和保罗·艾伦（Paul Allen）两个年轻人在 1975 年创办了微软公司。然后在 25 年时间里，微软公司积累了 23 亿美元的有形资产，同时积累了近 370 亿美元的知识资产。

数字的确胜过雄辩。走在后产业资本主义前列的美国经济，其宏观和微观的上述数字，已经一目了然地表明，从产业资本主义到后产业资本主义的过渡到底意味着什么。

在产业资本主义时代，企业可以用很低的工资雇用到大量劳动力，所以只要有机械类工厂，就可以确保利润。因此，机器设备等有形资产的价值非常高。但是，到了后产业资本主义时代，只是拥有机械类工厂，已经很难再产生利润。机器设备的价值也自然就急速下滑了。利润只能从差异中产生。企业如果不通过新产品的开发、新技术的引进和新市场的开拓来有意识地创造出差异性来，就不能产生利润。结果，作为差异性本身的品牌、专利和数据库的重要性正在不断急速提高；而且作为产生差异性源泉的经营者的策划能力、技术人员的开发能力和员工的技术知识发挥的作用，也正在飞速扩大。也就是说，没有具体“物”形式的知识资产的价值有了很大的提升。

“钱”与“人”

机器、设备、建筑物，甚至电脑零配件和软件等有形资产都可以用钱买到；另外，专利、品牌和数据库等知识资产也可以用钱买到。实际上，虽然说这些知识资产没有具体的形式，但还是形式化了的，可以与人分割开，所以在原则上是应该可以在市场上作为“物”进行买卖的。

而同样是知识资产经营者的策划能力、技术人员的开发能力和员工的技术知识等，则不能直接用“钱”买到。为什么？因为这些都是人们头脑中积累的知识和能力。

“人”是不受自己以外任何人统治的独立存在。并且，自己独立的终极性基础是自由意识。只要具有人之为人的自由意识，如何使用积累在人们头脑中的旧知识和能力，如何积累人们头脑中的新知识和能力，都不可能被外部完全控制，也不可能奴役体现这些知识和能力的人。

因此，“钱”唯一能做的只是提供各种动机，以便让“人”自主地发挥知识和能力，让“人”自主地积累知识和能力。也就是根据业绩发奖金，在晋升制度和退休制度上下工夫，提高公司的社会形象之类。

我已经多次提到，在后产业资本主义时代，比起用钱能买到的“物”，用钱买不到的人们的知识和能力，具有更高的价值，金钱的重要性在急速下滑。当然这意味着，最终向公司提供金钱（资本）的股东的重要性也在急速下降。于是也意味着，公司只属于股东的美国式“股东主权论”的正当性开始受到质疑。

进入后产业资本主义时代后，我们必须要再次发问：“公司属于谁？”

萨奇广告公司与萨奇兄弟

英国有一家名叫“萨奇广告”（Saatchi & Saatchi）的公司，创始人是查尔斯·萨奇（Charles Saatchi）和莫里斯·萨奇（Maurice Saatchi）兄弟俩，他们是犹太人，来自伊拉克巴格达，后来移民到了英国。在巴格达出生的哥哥查尔斯，高中就辍学了，但在广告撰稿方面非常有天分，在广告界瞬间崭露了头角。于是他就劝导出生于英国、毕业于伦敦政治经济学院的弟弟莫里斯，在1970年创办了萨奇广告公司。而野心十足的莫里斯在经营方面竟是个天才。

20世纪70年代，萨奇广告公司因为一则宣传计划生育的广告而一举成名，广告是一张痛苦地挺着大肚子的男人照片，上面还写着:“假如怀孕的是你，你是否会更加小心一些呢?”并且，众所周知，1979 年该公司为保守党制作的反工党的 LABOUR ISN'T WORKING（有“工党没有效用”和“工人没有工作”两层意思）宣传标语大获成功，使玛格丽特·撒切尔夫人（Margaret Thatcher）登上了首相的宝座。撒切尔政权的自由化政策率先进行了资本主义的全球化和金融革命，所以在这个意义上可以毫不夸张地说，萨奇广告公司和微软公司一样，也是后产业资本主义的代表。事实上，萨奇广告公司一方面把自己称为“创意公司”，接二连三地策划出崭新的广告；另一方面趁着英国和美国股票市场的公司收购热潮，把公司的规模扩大到了全世界。于是该公司在 20 世纪 80 年代中期成为世界最大的广告公司。

众所周知，萨奇兄弟，特别是弟弟莫里斯的生活方式极其奢侈，开着高档的汽车，抽着昂贵的香烟，拥有现代艺术气息浓厚的办公室，住着装饰豪华的宫殿般的别墅，还经常举办规格惊人的派对。到了 20 世纪 90 年代，即使萨奇广告公司的业绩开始恶化，这兄弟俩却依然延续着 80 年代的经营方针和生活方式。而此时主营养老基金的美国金融机构投资者已经持有了萨奇广告公司约 30%的股份。在萨奇广告公司收益率大幅下滑的情况下，萨奇兄弟依然可以得到破格的报酬，这些美国金融机构投资者对此深感不满。于是，以 1994 年弟弟莫里斯要求更高报酬为契机，美国金融机构投资者通过股东大会，免除了莫里斯的会长职务。这称得上是股东的“犯上作乱”。

但是，这只不过是剧情的第一幕。紧接着第二幕就开始了，是萨奇兄弟的反击。

怒火中烧的莫里斯写了一封信，指责“公司被一部分股东掳掠了”，然后辞去了萨奇广告公司的工作。这样一来，之前追随莫里斯的很多骨干职员也相继辞职。不仅如此，之前是萨奇广告公司客户的英国航空、美国大型糖果制造商玛氏公司和日本的世嘉公司等，也非常重视和萨奇兄弟的关系，也中止了与萨奇广告公司的合同。据一位追随莫里斯而辞去萨奇广告公司工作的干部说：“不是我们要离开公司，而是公司让我们离开。”

莫里斯创办了新的广告公司，与创办萨奇广告公司相反，这一次是他去请哥哥查尔斯。这家新公司在1995年采用兄弟俩名字的首字母，命名为“M&C萨奇”（M&C Saatchi）。当然，原来的萨奇广告公司失去了很多曾经是经营核心的公司骨干，也失去了一些之前保持着长期合作关系的重要客户，业绩开始急剧恶化，股价大幅下滑，结果，轰走创始人的美国金融机构投资者遭受了巨大的损失。另一方面，M&C萨奇公司把原来在萨奇广告公司担任中心职位的人放在经营枢纽的位置，同时还获得了一部分重要客户，发展迅速。到了2000年，终于在规模上赶超了原来的萨奇广告公司。

据说，现在兄弟俩几乎不管公司的实际经营，哥哥查尔斯专心资助现代艺术，而弟弟则是醉心于贵族院议员的活动。剧情到此尘埃落定。

股东主权论的败北

萨奇广告公司的案例本身非常有趣，但是我在这里特意提起这个话题，当然是因为它最为戏剧性地标志着，在后产业资本主义时代，提供金钱的股东的力量正在衰退。

萨奇广告公司是一家广告公司，广告基本上就是信息，而信息就是差异性。广告不仅是一个商品区别其他商品的活动，而且还是给每一个商品以过剩差异性，使之不能还原到物理意义上差异性的活动。在这个意义上，广告公司作为制作和销售差异性的公司，正是典型的后产业资本主义公司。

因此，萨奇广告公司的最大资产是制作和销售差异性的知识和能力。即查尔斯作为广告撰稿人的才能和莫里斯作为经营者的才干、跟着兄弟俩长期工作的广告撰稿人和经营层之间的协作，以及以兄弟俩为中心的公司与客户之间长年建立的信赖关系，这些都是用“钱”无法直接控制的。并且，这些带有自由意识、高贵、自豪的人具有的知识和能力，应该特别讨厌受金钱的直接统治。

但是，主营养老基金的美国金融机构投资者，强行向这种后产业资本主义式的公司注入了以产业资本主义环境为前提的“股东主权”的逻辑思维，即金钱统治着人。结果显而易见是凄惨难忍的。萨奇广告公司失去了自己的最大资产——查尔斯、莫里斯、经营团队和客户，也就丢失了实体，开始衰落；作为原本萨奇广告公司实体的萨奇兄弟，虽然丧失了金钱，但是瞬间成为M&C萨奇公司的核心，获得了再生。实际上，他们能立刻筹集到开办新公司的资金。

在产业资本主义时代，“钱”通过统治“物”也能统治“人”，但是，在拉开后产业资本主义时代帷幕的当下，“钱”和“人”之间的权力关系开始发生剧烈变化。我们现在不能拘泥于看似国际标准的股东主权论的教条之下，必须重新思考“钱”和“人”之间的关系，寻找资本主义形态下能够生存的新的公司形态。

古典企业的复活

首先，在后产业资本主义时代，产业资本主义，特别是后期产业资本主义时代衰退的老板型古典企业的确复活了。

为什么？我反复提到过，后产业资本主义中利润的最大源泉不是机械类工厂，而是能够创造出差异性的人的知识和能力。并且我还反复提到过，与产业资本主义时代相比，后产业资本主义时代，更容易筹措到钱。所以，掌握了这种能力和知识的人，就有可能比以前更加简单地开办企业。在这个意义上来说，在后产业资本主义时代，老板型古典企业会再次复活。

实际上，据统计发现，从20世纪80年代到90年代，全世界个体户增加很快（参见OECD的*Economic Outlook*，1992年号）。但遗憾的是，目前的日本却是个例外（另一个显著的例外是法国）。日本的个体户在80年代还比较稳定，但是到了90年代却大幅下降。其中到底是由于客观经济形势的恶化，还是由于丧失了自己做老板的独立精神呢？人们对其理由的判断出现了分歧（法国也存在同样的讨论）。

曾经在马克思经济学有较大影响的时候，就有人认为，从自营的小规模生产到聚集大量资本的大规模机械类工厂的转换，才是资本主义历史发展的必然法则。

而有趣的是，到了后产业资本主义时代，从大规模机械类工厂到自营的小规模生产的"倒退"正在发生。以科学之名鼓吹的直线式历史发展的法则，就像是一个骗局。

即使向自营的小规模生产的"倒退"今后有进一步加大的趋势，但是我并不认为公司制度本身会衰退。相反，我倒是认为，在后产业资本主义时代，公司制度应该会越来越灵活。

硅谷模式

后产业资本主义式的企业最为活跃的场所，自然是美国的硅谷。以斯坦福大学众多研究者和形式多样的研究活动为催化剂，这里自然形成了风险投资公司的一大集聚地。这里一方面是拥有各种知识和能力（说得花哨一些，就是拥有各种创意和才能）的个人和集团充当风险投资企业家，大干一场的地方；另一方面也是带着资金的个人和法人，作为风险投资资本家，冒着巨大风险，对这些创意和才能进行投资的地方。风险投资公司在这里常见的打开方式被称为“硅谷模式”，目前包括日本在内的全世界都想效仿它的“成功”，尝试着去模仿，甚至移植它。

如前所述，与产业资本主义时代相比，后产业资本主义时代，能够更容易筹措到钱。但这始终是相对而言的。有一点没有变化：一个除了创意和才能之外没有任何资产的人或集团，去筹措把这些创意和才能做成事业所需的钱，还是比较困难的。

站在贷款方的立场上来想，就会马上明白其中的缘由。第一，因为拥有创意和才能的人未必是一个好的经营者。不，在大多数情况下，更应该认为他们没有经营的才智。即便假设他们具有经营的才智，在事业开创初期，其发挥才智的经验也是大多不足，在事业走上正轨之前就失败的风险非常高。第二，更根源性的原因是现代社会不允许“卖身为奴抵债”的制度。当把钱借给拥有实物资产的人时，可以用这些实物资产作为担保；但是当把钱借给只有创意和才能等人力资产的人时，如果用这些人力资产作为担保，就会因为违反《禁止贩卖奴隶法》而被逮捕。也就是说，拥有实物资产的人即使事业失败，贷款方至少可以扣押他的担保资产。但是，在只有人力资产的借款方事业失败时，贷款方不能扣押任何东西。更糟糕的是，社会上还前赴后继地出现了一些不逞之徒，他们恶意扭曲事实，编造创意和才能来借钱，然后把这些钱装入自己囊中，随意地宣布破产。因此，贷款方不愿意把钱借给只有创意和才能的人，结果，即便是在创意和才能方面真正前途无量的风险投资企业家，也很难借到所需的资金。

硅谷模式是解决这个问题的方法之一。更重要的一点在于，它充分用活了股份公司制度。

首先，自由持有金钱的风险投资资本家，根据情况也会从投资银行那里募集到资金，并设立风险投资基金。这些风险投资基金，会通过文件审查和采访，选出二三十个在创意和才能方面有前途的人，然后分别和他们以非上市股份公司的形式共同开办风险投资公司。风险投资公司失败的概率非常高，所以往往会同时开办几家公司，这样做是为了分散风险。其数量限制在二三十个，是为了能够充分注意到各个企业的经营情况。实际上，风险投资资本家不仅是各个风险投资公司的大股东，还毫无例外地是公司的董事，经常监视着公司的经营状况，必要的情况下还会直接介入经营。这种方法一方面填补了风险投资企业家作为经营者经验不足的空白；另一方面，还可以甄选出真正优秀的创意和才能。他们会放弃之前投资给没有指望的风险投资企业的资金，迅速撤资不管。

那么，为什么风险投资公司不采取单纯的合营企业或合伙企业的形态，而要采取非上市股份公司的形态呢？非上市的理由很明显。因为从风险投资资本家的立场来看，他们可以不用受累于其他股东，能作为大股东自由地介入经营；从风险投资企业家的立场来看，不上市就不能让风险投资资本家轻易地卖掉股份，可以真正实现参与风险投资公司的经营。

事先采取股份公司形态的理由也一目了然。风险投资资本家投资风险投资企业，并不是为了得到红利。在经营还没有走上正轨期间，公司还处于持续资金不足的阶段，如果要求大额的红利，就会打破好不容易生出来的金蛋而葬送前程。风险投资资本家实际上获得利益是在 IPO（Initial Public Offering，即股票的首次公开上市）的瞬间。也就是说，在风险投资公司取得成功、经营走上正轨的时候，让它的股票上市，再卖掉自己持有的股票。如果股价能顺利升值，利益才会足够大。

如果风险投资公司采取合营企业或合伙企业的形态，要想把它变成上市公司，就必须更改之前的合同。但是，随着事业的成功，此时风险投资资本家和风险投资企业家之间的权力关系，会大大偏向于风险投资企业家。两者在重新书写合同的时候，围绕股份的分配比率问题，必然会产生巨大的分歧。相反，如果一开始就采取股份公司的形态，各自的持股情况都是事先决定好的，所以就不需要再重新书写合同了，也就会顺利上市了。

实际上，风险投资公司之所以采取股份公司的形态，还有着更加根源性的理由。即，硅谷的风险投资公司的目的是从创意和才能，换句话说，是从知识和能力等知识资产，更加一般性的说法，是从“信息”中产生利润。

知识产权

乍一看来，从信息中产生利润最简单的方法，就是把信息本身作为商品进行销售。但是，和通常把有形的“物”作为商品进行销售的情况不同，把只有差异性的信息作为商品进行销售，存在着本质性的难度。

对于购买信息的一方来说，没有实际见到信息的内容之前，不知道它对自己到底有多大价值。另一方面，在销售信息的一方看来，一旦让买方看到信息，就会被轻易地抄袭。而且信息一旦被抄袭，就失去了它的经济价值。为什么？因为信息的真品和复制品之间没有任何区别。如果能免费得到复制品，谁都不会买真品。为了把信息作为商品进行销售，就必须事先让别人看到。但是，一旦让别人提前看到，就不能作为商品卖出去了。这实在是一个两难推理的问题。所以，我之前多次论述到，信息的商品化才是后产业资本主义的终极形态。但是要实现信息的商品化谈何容易。

近年来，关于专利权和著作权等知识产权（亦称知识所属权）的讨论非常激烈。简单来讲，知识产权就是禁止免费抄袭信息的制度。它正是通过法律手段强制性“解决”影响信息商品化过程中两难推理的一种尝试，可以使之和通常有形的“物”一样进行买卖。实际上，现在全世界的国家都在以心系国家命运的情怀，积极完善着相关的法律制度。特别是美国，和自己国家的资本主义一样，正在努力推进着自己国家知识产权制度的国际标准化。这些尝试，不管是有意还是无意，都只不过是在践行着在这个世界上实现信息商品化这一后产业资本主义终极形态的历史使命。

后产业资本主义中企业的存在理由

实际上要“解决”信息商品化的困难，还有一种方法。

就是不把信息卖给别人，而是自己独自使用。不是公开信息，而是封存信息。也就是说，自己办企业，以独占的信息为基础，生产出具有某种差异性的“物”或服务等商品。换言之，就是成立把信息作为核心竞争力的后产业资本主义式企业。硅谷的风险投资公司就是这种典型范例。

现代企业理论创始人罗纳德·科斯（Ronald Coase）曾经发问：“为什么存在企业?”在后产业资本主义中，我们应该这样回答：“因为信息本身的商品化比较困难。”（这里的讨论受到研究班学生野濑宏平毕业论文的启发。）

但是，在这种情况下依然困难重重。

为什么？因为企业活动本质上是很多人之间的彼此合作（协作）。例如，拥有最先进技术的个人创办了企业，但是要想用这些技术实际进行企业活动，就需要设计生产程序、建设工厂设施的人，还需要开拓产品市场、确保原材料供应方的人，更需要搬运原材料、操作机器、运送产品的人。这个时候，彼此合作人员就要以某种形式共享这些先进技术相关信息的其中一部分，不这样就无法工作。并且，我再次强调一下，信息一旦被别人看到，就会很容易被抄袭，也有可能被别人使用。而掌握这些先进技术的人，或许会用这些信息自己办企业；偷看这些先进技术的人或许会外泄这些信息。这样一来，技术的先进性就不复存在了，使用这些技术生产的产品，其差异性也会在短时间内消失（技术虽然有被专利权之类的法律保护的情况，但是其核心部分一旦被人所知，就会在不触犯专利权的前提下很轻易地被人模仿）。

事实上，硅谷的很多电脑企业在雇用新员工的时候，都要让他们签署一份包括“非竞争条款”在内的合同，让他们发誓绝不外泄企业信息、不与本企业竞争。尽管存在这种盟约，但是某家企业盗取了另一家企业的技术之类的传言还是不绝于耳。据说这些传言中至少有一部分是真实的。

这里围绕信息的本质性两难推理，改头换面又重新出现了。即，要想进行以信息为基础的企业活动，就必须让彼此合作的很多人看到这些信息；但是让他们看到信息后，他们之间又不进行彼此合作。

戴上金手铐

那么，到底该怎么“解决”这个新的两难推理，让信息封存在企业内部呢？

基本上，除了建立一种对企业进行 commitment、换来共享信息的构造之外，别无他法（我这里不想使用 commitment 这个英文词，但是没有合适的日语，所以只好用它。意思相当于“献身”“参与”“同命运共生死”等）。当然，理想的状态是以人类某种信赖关系为基础的 commitment。例如，在意大利等国家，家族式经营模式在后产业资本主义式的产业中依然具有很大的势力，理由就在这里。

但遗憾的是，即使在家人和朋友之间，也往往是利害关系比信赖关系更有力量。所以，为了使以差异化信息为基础的后产业资本主义式企业活动成为可能，一般情况下，共享这些信息的人，有必要在经济意义上 commitment 企业。也就是说，要保留在企业内部，要有利于经济。

为此，我们需要考虑几个构造。最简单的构造是，以金钱的形式直接给予使之留在企业内部的动机。例如，不工作到一定年限就没有资格领取的企业养老金制度和企业退休金制度、一定时间内不能提现的员工持股制度（ESOP）和不持有一定时间就不能行使权利的股票期权制度等。如果外泄企业秘密，这些报酬当然会落空。用英语开玩笑地说，这些制度叫作“Golden Handcuff”(金手铐)。因为金钱把人绑在了企业上。

构建个性化的企业文化

但是，还有稍微复杂，更加具有生产性的构造。

那就是建立优秀而具有个性的企业组织。

如前所述，无论多么有价值的信息，如果没有很多人用各种各样的知识和能力补充它，就不能实际有益于企业活动。也就是说，企业活动需要企业组织。

即使创业人员一开始只是靠创意和才能开办企业，为了适应生产活动的经验、技术知识的积累、市场动向的变化等，就必须修正、改良和发展原来的创意和才能。企业活动开始步入正轨后，为了维持、进一步扩大它，还必须重新引进、考察和实践各种创意和才能。为此，经营专家、技术人员和熟练劳动者等，需要在不断摸索中积累各自的策划能力、开发能力和技术知识，而且还需要相互合作。并且，在这个过程中，构成企业核心的创意和才能，就要脱离创业人员个人的头脑和肉体，转换成由经营者、技术人员和劳动者构成的整个组织的知识和能力。多少带点重复地讲，企业组织无非是参与其中的经营者的策划能力、技术人员的开发能力和劳动者的技术知识等组织专用型人力资产的关系网。

在企业中，组织专用型的人力投资越是积极，其收益越高。但是与此同时，组织专用型人力投资编织的企业组织，具有只好称之为“文化”的个性。为什么？因为虽然说是企业组织，但毕竟还是人的组织。人的组织就是具有各自不同的目的、能力、信念和感情的人的组织，与工学意义上的最优性无缘。并且，这里的企业文化是对企业组织中人的活动进行的结构性规定。人们如果不进行适合于文化的人力投资，就不能成为企业组织中的一员。

成为企业组织的一员，和单纯的合同关系不同，他可以以某种形式得到共享企业内部信息的权利。但是，企业组织的文化越是独具个性，参与其中而投入的组织专用型人力资产就越大，外泄企业内部信息被解雇时丧失的东西就越多。

但是，进行人力投资一般比较花费时间，所以大多数情况下都是采用以下构造：一开始都是让员工共享极其边缘性的企业信息，随着组织专用型人力资产的不断积累，才会让他们共享更为重要的信息。这种构造是根据他们对企业的贡献度，相应地提高其在组织中的地位，拥有可以共享企业内部核心信息的权利来实现的。并且，在共享企业全部信息的时候，员工已经被企业文化完全浸染，与其跳槽到其他企业或开办新的公司，倒不如在原来工作的企业去拿应得的那一份利润更为有利。企业文化就是一道封存企业机密信息最有效的藩篱（如果是针对民族和国家而言，我们对这种文化的作用应该持否定态度）。

总之，这里对后产业资本主义式的企业来说，最重要的是得到一个教训：让企业组织或者企业文化尽可能具有个性。第一，因为像我已经反复论述的那样，在后产业资本主义中，有意识地创造出差异性，对于各个企业来说都是至上使命。为此，不仅要具有其他企业没有的技术专利、产品设计和顾客群等，还要构建能够不断产生具有这种差异性知识资产的个性化组织。这才是前一章所述的核心竞争力。

还有第二个理由。就是企业组织越有个性，作为组织一员为工作而必须投入的组织专用型人力资产就越多。这是因为，参加该组织的人会提高对组织进行 commitment 的程度，结果就有了防止构成企业核心的信息外泄的作用。

进一步说，这里存在一种良性循环的可能性。个性化的组织具有不断制作出有差异性的“物”和服务的能力，而在构建这种组织方面取得成功的企业，通过这种个性，的确会降低员工外泄企业内部信息的动机，就有可能更长期地维持其制作“物”和服务的差异性，成功的企业就会愈发成功。相反，构建不出这种个性化组织的企业，就会在以上两个方面处于不利的境地。我在前一章中强调核心竞争力是“整个组织”的知识和能力，其理由之一就在于此。

后产业资本主义时代中法人化的意义

但是，这里还会产生问题。

就是第 5 章讨论的“套牢问题”。员工当然会对企业组织花费时间和精力进行 commitment，但是他们也担心会被企业背叛。员工虽然会受到企业养老金、退休金和员工持股制度以及股票期权等合约的刺激而拼命工作，但是之后在实际要求自己权利的时候，也可能会因合约的作废而遭殃。另外，员工在学习了只适用于这家企业组织的知识和能力，对企业做出各种贡献之后，企业也有可能搞些小动作，假装没有和员工达成过默契协议，让员工分不到企业利润。

当然，只要有这些担心，比起单纯只是合约的金手铐，员工更想要短期的报酬，也会犹豫要不要对未必能获得回报的组织专用型人力资产进行投资。这样一来，企业内部就不可能实现信息共享，话题就又再次回到了原点。

萨奇广告公司的案例，好像话题的尺度太大，和一般的企业面对的问题没有关系，但是在控股股东对给企业做出巨大 commitment 的人事后舍不得拿出报酬这个意义上来说，该公司的情况的确算得上是套牢问题的案例之一。不过，该公司控股股东进行的套牢，却以完败而告终……

已经很明显，这里的意义在于，后产业资本主义式的企业形成了法人。第5章主要指出，产业资本主义式的企业，在老板型古典企业或“法人名义说”式的公司时，存在着深刻的套牢问题，而在“法人实在说”式的公司时，纯粹作为“人”的公司本身发挥着组织专用型人力资产“事实上”的持有人的作用，可能会防止被外部人员套牢。可以说，在后产业资本主义式的企业中也是同样的状况。企业越是成为股份公司，公司本身越是接近于纯粹作为“人”的“法人实在说”式的公司形态，那么，被老板和控股股东套牢的可能性就越小，公司内的员工进行组织专用型人力投资的动机也会增加。萨奇广告公司事件发生的背景是股东主权论的兴盛和美国养老基金持股比率的上调。它把萨奇广告公司拉回到了“法人名义说”式的方向。

在以18世纪后半叶英国产业革命为出发点的产业资本主义时代，企业只要建设机械类工厂，就能获利。其中，公司制度，特别是股份公司制度，则是主要作为从大众那里筹措建设机械类工厂所需资金的手段而被引进的。从19世纪后半叶到20世纪前半叶，以美国和德国为中心兴起的第二次工业革命，推进了需要大规模机器设备的重化学工业，进一步发展了作为筹措大量资金手段的股份公司制度。但是，同时也催生了有效运营大型机械类工厂的专业经营者、工业技术人员和熟练劳动者。这是公司存在的第二个作用。也就是说，专业经营者、工业技术人员和熟练劳动者作为组织专用型人力资产“事实上”的持有人，其作用是保护自己不被外部股东套牢。

并且，在开始于 20 世纪后半叶的后产业资本主义时代，作为筹措资金手段的公司制度的作用正在不断弱化。因为利润的源泉已经从用钱能买到的机器设备，过渡到了用钱买不到的人的知识和能力。企业的中心从实物资产过渡到了人力资产，即从“物”过渡到了“人”。但是，这未必意味着公司制度本身的衰退。不，它和只要有机器设备就能成立企业的产业资本主义时代不同，在成立企业时不可或缺地需要员工对企业进行 commitment 的后产业资本主义时代，员工是组织专用型人力资产“事实上”的持有人。公司的这个第二作用，变得越来越重要。

也就是说，公司制度正在从作为增加老板和控股股东等提供金钱的人的利益的工具，变成防止老板和控股股东攫取专业经营者、工业技术人员和熟练劳动者的组织专用型人力资产的藩篱。我们也可以把它理解成，从股东主权论式的公司到共同体式的公司的转换。当然，如果不受金钱的束缚，依附于作为法人的公司这个抽象的存在进行工作，比从属于老板和控股股东等活人，具有更高的积极性。

但是，我们回头来看也可以说，刚才提到的公司制度的“第二”作用，即作为组织专用型人力资产“事实上”的持有人的作用，实际上只是回到了公司制度的原本出处而已。为什么？因为公司原原本本使用了股东是作为独立主体的法人这一事实。如第 2 章和第 3 章所述，公司制度只不过是把本来不是“人”的

"物"在法律上待之以"人"了，它是这种法人制度的极其自然的引申而已。

后产业资本主义式企业中的组织设计

我以上论述道，在后产业资本主义式的公司中，作为法人的公司本身发挥的作用，相当于防止老板和控股股东攫取专业经营者、工业技术人员和熟练劳动者的组织专用型人力资产的藩篱。但是，到此并没有完全解决问题。不，应该是真正的问题才刚刚开始。也就是说，到底如何整顿这个藩篱的内部，即如何设计企业组织才好?

关于这个问题，美国的所谓高科技企业等，已经做过各种尝试，并且针对这些尝试进行了各种研究。

在产业资本主义时代，企业组织的设计比较简单。为什么?因为当时机械类工厂是利润的源泉，如何实现其潜在的规模经济和范围经济，是企业的至上使命。因此，企业组织的目的是以最有效的方式运行机器设备，也就是说，企业组织组成工学上最合适的形式就可以了。"人"的组织，遵从了"物"的逻辑（查理·卓别林的电影《摩登时代》描绘的就是这个）。结果，很多产业资本主义式的企业，构建了自上而下下达命令的大规模层级式组织。

而在后产业资本主义式的企业中，机器设备丧失了它的中心地位，经营者的策划能力、技术人员的开发能力和员工的技术知识，占据着企业的核心。只要有钱就能得到机器设备等实物资产，只要得到手，就可以自由使用。而策划能力、开发能力和技术知识等，存在于经营者、技术人员和劳动者的头脑和肉体中，既不能用钱买，也不能从外部直接控制它。金钱唯一能做的，就是制造一种环境，让优秀的经营者、技术人员和劳动者感到企业的魅力，让他们在企业中积累策划能力、开发能力和技术知识，并让他们为企业的利益做贡献。不，即使在制造环境方面，创意和才能也比金钱具有更大的作用。

总之，为了让人们自发地进行有创意和想法的工作，不可或缺的，不是中央集权式的阶层组织，而是自由独立的环境。如果需要机器设备，那也必须让机器设备符合人的逻辑。具体而言，就是让人自主管理工作内容、平等对待指挥系统、给予能够自由裁量的预算、推进与外部人员的知识交流、弹性处理上班时间、创造舒适的办公环境等所谓的软性刺激，这些非常重要（换言之，就是把公司构建成美国或英国的大学那样的组织。在这里我很遗憾不能把它说成像日本的大学那样。总之，美国和英国对知识分子的典型——大学学者，给予了人事独立性和终身被雇用权，这被视为解决问题的方法之一）。

后产业资本主义式的企业已经从机械类工厂这一物理性制约中解放了出来，对于这些企业来说，如何设计出激发人们干劲的人的组织，决定着它的命运。

除了这种软性刺激之外，硬性刺激，即金钱报酬的重要性也不言自明。并且，作为这种报酬制度，很多后产业资本主义企业践行的是给符合条件的人带上刚才所述的“金手铐”。即，不工作到一定年限就没有资格领取的企业养老金制度和企业退休金制度、一定时间内不能提现的员工持股制度（ESOP）和不持有一定时间就不能行使权利的股票期权制度，等等。特别是股票期权制度，被视为美国等国家最有效的制度。

员工股票期权制度

但是我们必须要注意的是，这里所说的股票期权制度，与基于股东主权论给予高层经营者的股票期权，完全不是一回事。在所谓的美式公司治理中，公司之所以给予高层经营者大量的股票期权，是因为想让掌管着公司经营的这些经营者成为大股东，让他们乐意去实现股东利益的最大化。但是，如第 2 章到第 4 章所述，这种公司治理的前提——“股东主权论”存在理论上的谬误。于是，安然和世通公司的失败，是必然的结果。

而我现在论述的股票期权制度，面向的不是公司高层，而是长期被雇用的员工。它是一种带有公司共同体论和较强亲和性的制度，强调公司不只属于股东，还属于那些对公司进行组织专用型人力投资的各种参与人（利害相关方）。事实上，经营者的策划能力、技术人员的开发能力和劳动者的技术知识，才是后产业资本主义式公司的利润最大源泉。经营者、技术人员和劳动者当然会觉得，作为在公司组织中积累这种人力资产的回报，应该具有得到一部分公司利润的正当权利，获得公司的股份，这是分配公司利润的最自然不过的方法。

但是，要积累这些组织特异性人力资产，就需要时间，另外表现出效果来，也需要时间。所以，相应的回报也是一个长期的过程。如果不这样，员工就不想长期待在公司，公司方面也拿不出支付这些回报的资金。在美国有研究报告表明，公司如果直接把股票作为奖金给员工，很多情况下，员工为了规避风险，会直接卖掉它。因此，公司想出的制度是，不持有一定时间就不能行使权利的股票期权制度。这样一来，在这个时间内，员工就有了留在公司积累人力资产的动机，而且公司方面也不必补贴资金了。另外，股票期权制度不仅把公司的股票给了员工，还把在某个时期以事先决定好的价格从公司购买股票的权利给了员工，这是为了引导员工去努力提高股价。如果股价比购买时的价格高，员工可以从公司购买股票再马上到市场上卖掉，市场价格和购买价格之间的差额，就是他们的报酬。当然，当股价比购买价格低时，员工可以不行使期权的权利，所以也不会遭受任何损失。

不过，最近美国股票市场上互联网泡沫的崩溃，暴露了用股票期权支付报酬这一制度的本质性缺陷。即，公司的股价不仅受到公司自身前途的影响，很大程度上还受到投机买卖引起的泡沫的摆布。股价由于泡沫而暴涨暴跌，使得股票期权报酬制度具有了赌博的性质，并没有能够真正发挥作为长期动机的效果。虽然当股价比购买价格低时，不行使权利就不会遭受损失，但是此时的股票期权相当于没有任何价值的废纸。之前暴涨的股价如果突然开始暴跌，就有过度损伤员工干劲的危险。事实上，在互联网泡沫崩溃后的美国，通过股票期权“厚待”员工的公司一旦衰败，就会出现大量人员脱离公司、使其瞬间破产的情况，这种事例数不胜数。

因此，我最近觉得，存储公司一定比例利益的公司养老金制度和退休金制度、明确设计出员工长期职业道路的晋升制度、允许长期雇用者开分公司的制度等如果再实在一些，那么这些动机性的制度，会促使员工做出更长期的贡献。

日本式经营的反论

我前面论述了后产业资本主义式公司的各种特质，很多人对此抱有复杂的心情。因为这类公司采取的分权式企业组织、企业养老金、退休金和内部晋升等制度，如第 6 章所述，构成了曾经日本式雇用体系的核心。更进一步说，如前一章最后所述，缩小企业本体的规模，大部分生产和开发都外包给值得信赖的少数几家供应商等意大利北部这类时尚类企业的生产体系，也酷似日本的转包网络体系。

在“迷失的10年”中，日本式经营已经宣告全面破产，这到底是怎么回事呢？

这个问题很容易回答。因为日式资本主义是通过弱化股东主权得以成立的资本主义。它的最大特点就是，通过相互持股，排除外部股东的套牢问题，促使熟练劳动者、工业技术人员和专业经营者积累人力资本。在这个意义上可以说，日本式的经营，至少有一部分是优先于后产业资本主义式企业的。事实上，据说美国很多现在取得成功的后产业资本主义式企业，是从日本式经营中得到的启示。

即便如此，我们也不能说，在21世纪，日本式经营就会原样复活。如第7章所述，日式资本主义制作了过于适应产业资本主义、特别是后期产业资本主义的公司体系。虽然说它具备了促使员工学习企业固有熟练技术的构造，但是这些熟练技术基本上只不过是有效运营机械类工厂的熟练技术而已。当然，这些并不是完全没有意义。特别是在技术和市场再成熟一些之后，这些熟练技术应该会发挥巨大的威力。但是，即使这么说，日式资本主义依然未必和创造出差异性的知识和能力，即人力资产保持一致。而人力资产对后产业资本主义式的企业来说却最为重要。实际上，以往日本式的公司组织，的确和充当自发进行需要创意和想法的工作所需的条件——自由独立的工作环境，相去甚远。

我无法预测，日本的公司到底能不能摇身一变成为符合后产业资本主义时代的组织；也无法预测，它是否能在全球性市场激烈的差异化竞争中取得胜利。但是，日本公司最近不再受股东主权论这一意识形态的统治这一点很重要，它也许会成为发挥某种正作用的条件。我的这一观点和最近大众传媒的论调正好相反。

NPO

近年来，NPO（非营利组织）备受瞩目。因为每当举办 WTO（世界贸易组织）、IMF（国际货币基金组织）、世界银行和 G8（八国集团）等国际会议的时候，NPO 高举反对全球资本主义大旗、进行大规模示威游行的活动，都会通过大众传媒满世界大肆报道。在日本阪神大地震（1995 年）的时候，志愿者非常活跃。以此作为契机之一，日本在 1998 年形成了“NPO 法”，简化了法人化的手续，由此，日本设立了很多 NPO 法人。

所谓 NPO，自然是 non-profit organization 的缩写，顾名思义，意思是“非营利组织”。虽然说是“非营利”，但并不意味着不获利。它也可以获得利润。当然，它既可以买卖“物”，也可以花钱雇用员工和经营者。只要不把利润分配给成员，而是充当活动经费，这样的组织就被视为 NPO。所以，把 NPO 定义成没有老板和股东的组织，或许更让人容易理解。但是，在日本的 NPO 法中，NPO 要想成为法人，则需要“有助于增加不特定的多个事项的利益”，还指定了保健、医疗、福祉等 17 个领域。但遗憾的是，这样一来就缩小了 NPO 的前景。

这里画蛇添足般突然叙述 NPO，是因为我可以预想到，它在后产业资本主义时代中会占据越来越重要的位置。由于市民意识的提高，想在某些地方做出社会贡献的人数，无论是在世界范围内还是在日本，都有了飞速的增长。并且还有以下三点理由：

其一是政治形势向“小政府”变迁。

民间也可以举办公共活动的想法正在全世界蔓延。NPO 产生于在全球化潮流中越过国界线进行各种公共服务的必要性。而在国家框架内难以解决问题的事实，加速了它的发展。在日本 20 世纪 90 年代“迷失的 10 年”中，人们加强了对官僚主导型社会体制的不信任感。如果可能的话，很多人都会考虑至少把一部分公共服务交给民间，而不是政府。

其二是公司越来越专业化。

在产业资本主义时代的初期，亚当 · 斯密把资本主义社会描绘成“分工社会”。资本主义的扩大，会促进分工，而分工的发展，会进一步扩大资本主义。结果现在的资本主义甚至都覆盖到了全世界。并且，分工会细化人们的工作和职业，使之变得越来越专业。特别是随着科学技术、经济活动和社会生活的复杂化，社会上产生了许多在特定领域具有高端知识和能力的专家，例如科学家、技术人员、建筑师、注册会计师、基金管理人、法律专家、专科医师、精神分析师、教师、艺术家、鉴定家等。随着后产业资本主义中信息的高速发展，这种倾向会越来越强烈。现在甚至可以说，所有人都是某个领域的专家。

重要的是，专家进行工作的时候，与别人之间在知识和能力方面有着巨大的差距。即使存在以合同为基础的关系，也必须要在其中加入第3章所述的信任关系。也就是说，因为专家是专家，所以由于信赖被委任了与别人生命、精神、健康、生活和财产等相关的工作。并且，在这个信任关系中，作为信托受托人的专家，抑制自己的利益追求、忠实而谨慎地为对方工作是先决条件。也就是说，他们要承担信任义务。

并且，这里所说的专家，未必只是指个人。在大多数情况下，专家会结成组织，并在该组织中提供专业的服务。医院、律师事务所和学校等都是例子；或者也有很多情况是，即使构成人员自己未必是专家，整体组织也可以提供专业的服务。图书馆、博物馆和护理设施就是例子。不管哪种情况，在提供专业服务的组织和接受这些服务的对方之间，依然会产生一种信任关系。并且这个时候，要保证组织提供的服务性质是值得信赖的。于是，很多情况下，大家都会选择NPO的组织形态。“非营利”就是不以个人利益为目的的存在。这公开表明，它抑制自己的利益，忠实地为对方的利益提供服务。

有趣的是，在医疗和法律事务等服务内容高度专业化、除了专家以外几乎没有人能客观判断其内容的领域，非营利的组织比营利的组织更能忠实于顾客的需求而提供服务。结果，NPO 吸引需求，导致经营成功的可能性会更高。例如，在允许把医院经营成公司的美国，约有一半都是非营利的组织，就是这个原因。这些事情让我预感到，随着后产业资本主义中公司专业化的推进，NPO 的活动范围将会不断扩大。

其三是金融革命。

以前很多人对 NPO 的印象是，它是为了实现人道目的，通过慈善家的捐助而成立的、由志存高远的人前来做志愿者的组织(或者也有人把它想象成一个为退休官员提供可靠工作、由政府出资建设的、莫名其妙的特殊法人般组织)。实际上，经济学家自不待言，就连法律专家之前也多是认为，不以个人利益为目的的 NPO 和以个人利益为目的的营利法人——公司之间，有着本质的区别。但是，由该书之前的讨论可以得知，即便是股份公司，它也未必是使股东利益最大化的存在。事实上，日本公司的特征在于，其目的不是为股东追求利润，而在于公司自身的存续和发展。在这个意义上可以说，日本式公司和不存在股东的 NPO，特别是和法人化的 NPO 之间，并不像看到的那样具有巨大的差别。至少在法律上，即使存在宣称不向股东支付红利的 NPO 类型的股份公司，也没有什么奇怪的。

总之，在第二次世界大战后的日本，还存在着未必为股东追求利益的日本公司，至少到 20 世纪 80 年代之前，这些公司还在以惊人的速度发展着。这暗示着，NPO 法人即使不依赖捐赠和志愿者，也能出色地成为资本主义中的一员。实际上，日本公司的大多数资金在第二次世界大战后不是从股票市场，而一贯是从银行筹措的。同样，只要 NPO 也法人化，没有股东也能从银行借到所需的大部分资金。

当然，不以利润为目的的 NPO 法人与普通的公司相比，其成本意识比较淡薄，也存在无经营效率的危险性（这是公司治理的问题）。但是，如果是真正有活动业绩的 NPO 法人或者是目的意识明确的 NPO 法人，那么从银行筹措到资金也绝不是不可能。现在存在大量不良债权的银行，其放款的态度的确极其保守。但是，我多次陈述过，后产业资本主义时代，本来就是金钱统治能力弱化，只要有一定信用谁都可以借到钱的时代。NPO 自己也可以发行法人债券，从债券市场顺利地直接筹措到资金。这表示，即使不是医疗和法律事务等那样赚钱的服务行业，NPO 法人也能以独立核算的形式来进行经营。

21 世纪是 NPO 活动，特别是 NPO 法人活动越来越活跃的一个世纪。

这实际上是一种返祖归宗。为什么？因为如第 2 章所述，法人的起源，就是罗马时代和中世纪的城市、寺院和大学等现代意义上的 NPO。法人的构造用于追求个人利益的手段，是在近代以后。历史绝不是直线式的发展。

第 10 章

要不要在公司工作

企业家的条件

与产业资本主义时代相比，后产业资本主义时代是一个个人能够更容易开办企业的时代。因为即使没有机械类工厂，企业只要能创造出某种意义上的差异性，就能够产生利润。更正确的说法是，企业如果创造不出什么差异性，就不能产生利润。并且，企业即使需要机器设备和办公区域，通过金融革命也能以比以前更好的条件借到钱。

那么实际上，到底什么人能成为企业家①呢？

大众传媒最喜欢大书特书的企业家就是比尔·盖茨和孙正义那样的人。他们都是在学生时代怀揣梦想，并立刻实践，而瞬间获得巨额财富的人物。他们的确是大众传媒宣传用的好材料，但这些都是例外中的例外。

另外，如第9章所述，硅谷模式那种结合非常创意和才能以及风险资本而创立风险投资企业的方法，今后在日本也有大范围普及的可能性。但是，能使用这种模式的，主要限于掌握高科技的技术人员和有最新发现的科学家。而只拥有一点野心和巨大忍

① 企业家：日语中的企业家，也可以写成“起业家”，是指创办公司、开创事业的人。

耐力的大部分职工则与此无缘。

但是，玄田有史通过研究发现，日本成功概率最高的企业家，是35岁到45岁之间、在中小企业积累了约20年经验、准备用自己的3500万日元到4500万日元资金创业的人（数据来自于1997年4月到8月接受国民生活金融公库融资的企业。在玄田有史的著作《工作中隐隐的不安——当下摇摆不定的年轻人》〈中央公论新社，2001年出版〉第8章中，有该研究的概要。这是一本针对雇用问题非常优秀的读物。我在下一节中的几个论点也是受到了这本书的启发）。当然，这始终只是从过去的数据中看到的平均人物像。一个企业家的成功，并不是必须出身于中小企业，也不是必须要有20年的工作经验，更不是绝对要拥有3500万日元以上的资金。或许有很多人因为资金问题而感到意志消沉，但是在后产业资本主义中，用比这少的资金，也可以创业。

总之，重要的是，原本是职工、在企业中工作一段时间、积累了某种程度的工作经验、积蓄一定程度资金的中年企业家，比光鲜亮丽的风险投资家，具有更高的成功概率。这一事实让现在对雇用问题感到不安的35岁到45岁之间的职工甚是欣慰。

我之前把日本的职工看成是积累自己所在公司固有人力资产的存在。但是，我并没有否定，日本的职工在公司上班的过程中，可以开发更通用的知识和能力的可能性。职工即使只在一家公司工作过，也可以熟悉公司所属产业整体共通的技术，得到公司相关市场的各种信息，还可以通过工作关系，和工作之外的关系人构建各种人际关系网。并且，他们通过这些技术、信息和人际关系网，也会碰到潜藏的创意、利基市场（缝隙）和有益的建议。

人们经常说，商机到处都是。但是，要认识到商机是商机，则需要相应的经验和知识。况且，要把机会变成商机，更需要各种人际关系网的支持协助。

要不要在后产业资本主义的公司工作

在21世纪的日本公司工作到底具有什么意义？在思考这个问题的时候，上述观察应该会给予有益的启发。

进入21世纪，人们在公司工作的不安正在扩散。其背景是，在20世纪的最后10年——“迷失的10年”，有一些之前从来没有想到会倒闭的大公司倒闭了，之前处于高速发展的大公司接二连三地决然重组了。至于中小公司的倒闭和重组，更是到了数不胜数的程度。结果，日本的失业率不断上升，2001年12月，达到史上最严重的5.6%，之后也维持在5%以上。

由此，之前一直认为有着稳定雇用关系和高额收入的中老年职工，也开始担心雇用关系的不稳定性和收入的减少。事实上，在完全失业人员中，45岁以上的中老年层的比重在增加。并且，在中老年失业人员中，不是自己的意愿，而是由于解雇或公司倒闭而失业的，所谓非自发失业人员的比率在增加。虽然他们在年轻的时候，在公司积累了熟练技术，但是到了中老年后领着死工资，若被解雇后为此而付出的时间和劳力就付之东流了；或者，他们在年轻的时候，由于年功序列制而领着自己生产能力以下的低工资，但是到了中老年依然领着死工资，若被解雇后年轻时的忍耐也会付之东流。现在，很多中老年职工觉得自己被公司“过河拆桥”了。他们这样的认识也在情理之中。

代表二战后日本资本主义特征的终身雇佣制和年功序列制，正渐渐地开始解体。有人常说，在统计上，同一个企业内部员工的平均雇用年限，90 年代后也的确没有减少的倾向（30 多岁到 40 多岁的员工多少有点减少，50 岁以上的平均雇用年限反而在上升）。但事实是，至少正在公司工作的职工和将要去工作的学生，已经不想再按照以前的方式继续这个终身雇佣制和年功序列制了，并且他们这种意识的加强，也开始影响到人们对就业的态度。

终身雇佣制和年功序列制都不是法律，而是惯例。它们由人们的预想支撑着。因为很多人预想这个制度会持续，所以它才得以实际存续了下来。这种预想一旦开始动摇，则意味着由其支撑的终身雇佣制和年功序列制，会一点一点地解体。并且，在这种状况下，径自选择自由职业生活而不是职工生活的年轻人就会增加（但是，最近年轻人失业率的上升，与其说是自发选择自由职业生活这个供给方的原因，倒不如说是很多企业为了维持中老年雇用关系而雇不起年轻人这个需求方的原因。这是玄田有史在书中的主张）。总之，至少对选择职工生活感到不安的年轻人在增加。

那么，21 世纪，在公司工作真的没有意义吗？

首先，在后产业资本主义时代，公司制度不会消失。在产业资本主义时代，公司主要是为建设机械类工厂而大量筹集所需资金的手段。它的作用是辅助最终提供金钱的股东进行统治。而到了后产业资本主义时代，金钱的力量已经相对弱化，结果，公司作为筹措资金手段的作用也在衰退。取而代之的是，防止股东套牢，由专业经营者、科学技术人员和熟练劳动者积累的组织专用型人力资产的作用走在了前面。当然，这里所说的组织专用型人力资产，已经不再是像产业资本主义时代那样有效运营机械类工厂所需的知识和能力，而是不断创造出新产品、新技术的知识和能力。也就是说，后产业资本主义时代的公司发挥的作用应该是，充当为专业经营者、科学技术人员和熟练劳动者等企求知识的员工，能自由思索创意提供工作场所的身份。并且，这也回到了作为法人的公司的本来作用上来。

总之，不管是作为职工在企业上班，还是自己开办企业，企业在后产业资本主义时代，都基本上会采取公司的形态。更重要的是，在后产业资本主义时代，自己新建公司的时候，在公司工作的经验也会发挥巨大的作用。如玄田有史的研究所示，在公司工作的同时，掌握相关知识和能力、积累若干资金、构建各种人际关系网，会提高成功的概率。要想认识到什么是真正的差异性，就要知道什么不是差异性。

实际上，在日本式终身雇佣制和年功序列制渐渐解体的过程中，员工和公司之间的关系会不得已发生很大变化。有些员工没想过要在一家公司工作一辈子，自己也可能会开办公司，当他们离开公司的时候，为了有备无患，会想着积累通用型人力资产，而不是组织专用型人力资产。甚至还有些员工希望被分配到因难以晋升而被别人敬而远之的、专业性高的部门去工作。

换言之，对员工来说，或者至少对一部分员工来说，公司不是奋斗一生的职场，而是旨在将来能够独立的修道场。在这个意义上可以说，后产业资本主义中的员工和公司之间的关系，应该类似于资本主义黎明时期的徒弟和师傅之间的关系。

当然，公司也不会袖手旁观、束手就擒。在后产业资本主义中，公司要想持续不断地产生利润，就需要不停地创造出新产品和新技术。为此，如前所述，公司必须完善舒适的工作环境，在奖金、养老金、退休金和晋升等制度上下功夫，以此来留住对公司本身有用的优秀员工，让他们对组织专用性人力资产进行投资。

因此，即使在21世纪，也绝对存在长期在公司工作、并在其中积极晋升的职工。但是在21世纪，职工也同时具有了暂时在公司积累工作经验，之后要么自己开办企业、要么跳槽到其他公司的选择项。以前在终身雇佣制之下，也的确存在很多员工中途离开公司的情况。但是，大部分情况都是公司方面的原因。而在未来的公司中，根据自己的情况，并且为了发挥在之前公司所学的知识和能力而离开公司的员工应该会增加。

公司的新陈代谢与创业积极性

我刚才提到，为了今后使用在公司中学到的东西，主动离开公司的员工在增加。这句话实际上与其说是事实，倒不如说更接近于我自己的希望。为什么？因为我认为，要在21世纪实现日本经济的健康发展，那么，从旧公司到新公司的这种人才流动，起着决定性的作用。

后产业资本主义时代是差异性的时代。全世界的所有公司在全球市场中为创造出新的差异性展开了竞争。如果不持续开发出新产品和新技术、不持续开拓出新市场和新组织，公司就无法生存下去。为了确立组织整体的能力——核心竞争力，并使之持续创造出差异性来，任何公司都必须全力以赴。

无论开发出多么高端的技术，无论生产出多么独具特色的产品，只要公司不能长期应对市场环境和产业结构的变化，总有一天会衰落的。与只要设立了机械类工厂就能长时间稳定产生利润的产业资本主义时代不同，在差异性本身才是利润源泉的后产业资本主义时代，平均而言，公司的寿命会缩短。

所以，从举国经济的立场来看，如果旧公司已经从市场上撤出而新公司却没有进来，那么就无法维持之前的雇用关系。并且，如果新公司不能产生充足的利润，也不会产生今后继续投资的资金。公司整体能顺利进行新陈代谢，对于举国经济来说，是一个生死攸关的问题。

并且，我认为，成立这种新公司的最大旗手——人才，是在旧公司工作的职工，是在已经成熟的公司中进行组织专用型人力投资的同时，掌握更加通用型人力资产、积累创业资金和人际关系网的职工。

当然，我并不认为，所有职工都可以开办新公司。越是优秀的人才，之前的公司就越不愿意放他们走。人到中年，在公司内部得到相应的晋升，过着比年轻时候更加稳定的生活非常重要。并且，商机只会眷顾那些极少数幸运的人。尽管如此，稍微夸张一点来说，我认为应该广泛认识到，从职工中脱颖而出去开办新公司的人，决定着后产业资本主义时代日本经济的命运。

遗憾的是，20 世纪 90 年代以后，全世界的企业家人数都在大幅增加的时候，日本反而在大幅减少。想要跳槽的人数整体上也在减少。

这不仅是因为日本经济的长期停滞，极端收缩了宏观有效需求，还因为由此带来的通货紧缩，使银行等金融机构实际担负的不良债权越来越沉重，导致了银行不愿意向企业放贷。市场变小了，同时还很难借到钱，这明显大大降低了潜在企业家创业的积极性。并且，最近金融财政政策的混乱、特别是通货紧缩对策的迟缓，有可能会进一步延长经济低迷的周期。尽管如此，但这终究只不过是短期且只限定在日本的状况。在不久的将来，日本经济也必定会再次加入到后产业资本主义的世界趋势中去。并且，在后产业资本主义之下，由于金融革命导致利息下降，开办新公司会比产业资本主义时代容易得多。而且，日本股东主权的观念自古就很弱，这反而有可能使日本有利于开办后产业资本主义式公司。

我虽然这么说，但是任何时代要成功创办新公司，都不是轻而易举的事。当然，针对现在日本创业积极性减退的特效药的对策是通货紧缩（政府和日本银行在这方面全都失败了）。但是长期来看，日本一定要不可或缺地导入直接推动企业家创业积极性的国家政策。并且还要设置咨询机构、放宽融资条件、进行税制优待、明确事业失败时处理破产的方法、建立支援组织以便他们再次挑战，等等。与其他各国相比，日本的振兴创业政策，之前过于贫乏了。

但是，无论怎样完善这些外部条件，下决心创办公司的终究是个人。在“迷失的10年”之后，日本经济是否会在后产业资本主义时代就此衰落，完全取决于日本的社会今后出现多少敢冒风险、有气魄独自开办公司的个人。

后　记

本书的题目是《未来的公司》，面向的群体，是现在公司工作的男女职工以及不久的将来想到公司工作的学生。

我写这本书的契机，是因为2001年春天接受了西田裕一先生“公司会去向何方”的采访①。我接受过西田很多次的采访，对我来说，每一次都是非常有建设性的。因为通过采访，我发现在一些曾经思考过的主题之间，存在着意想不到的联系，为我接下来的研究工作提供了强有力的线索。这次采访也不例外。我在陆续回答西田提出的问题过程中发现，从事经济学研究30年间一直持续的“资本主义论”和这10年间从经济学跨界到法学进行研究的“公司论”之间，有着比我以前的思考更深刻的关联性。

不仅如此，西田还劝服我说，我的公司论不仅只是面向学者的理论性考察，对在21世纪资本主义中的男女职工，甚至是作为后备军的学生来说，都具有重要意义。为了向更广泛的读者详

① 这次采访刊登在了平凡社PR杂志《月刊百科》2001年6月号上。

细地展开之前采访的内容，在这一年夏天的周末，我在冷气坏掉的像蒸笼般的研究室中，又接受了三次、共计 14 个小时的长时间采访。

我当初原本打算以这三次采访为基础写一本简单的书。但是，当我开始修改采访稿的时候，发现了很多采访中言犹未尽的内容。并且不幸的是，我从这一年 10 月当选了单位的系主任，而大学恰好处于大变革时期，公务烦身，完全找不到时间来修改采访稿。更不走运的是，12 月美国的安然公司因为暴露了假决算丑闻而轰然倒闭了，次年开春后也相继暴露了几家有名公司的假决算丑闻。实际上，我在采访中就曾预言过，美国式的公司治理（公司统治系统）存在本质性的矛盾，一定会发生什么丑闻。但是，预言是针对还没有发生的事情。事情已经发生了，之后再怎么预言也毫无意义了。

不得已，我只好下决心用足够多的时间来全面重写采访稿。结果就有了这本书。当然，说是全面重写，这本书还是随处残留着采访时使用"ですます"语调[①]的痕迹。事实上，我受到采访这种自由形式的诱导，从一开始就多次跑题到只是蹦单词而抓不住重点的话题上去。整个讨论的进展也不紧不慢。虽然说使用的语言比较自由，但是我绝对排除了商业书中常见的"独断"式的

① "ですます"语调：です、ます是日语句子的敬体结尾形式，一般用于日常对话交流，在论著中往往会使用书面体结尾，很少使用敬体，所以才有了作者此处的解释。

主张和“此书可以解决一切”的讨论。总之，我暗自认为，这本出自采访的书反而更容易阅读。

从采访之初到今天为止，已经有近两年的时间。在这期间，如果没有协助我编辑的西田裕一先生不断地激励，我绝对完不成这本书。在这个意义上来说，本书是我和西田裕一先生共同合作的成果，在此万分感谢。另外，还要对把 14 个小时的采访录音磁带整理成文字的肋坂敦史表示感谢。

致平凡社文库版之后记

我本来要写在这个“后记”中的语言，几乎全都写在了“致平凡社文库版之前序”中。这里应编辑部的要求，想写一下我现在的研究课题和与本书有关的东西。

对我来说，作为本书蓝本的单行本，具有非常重要的意义。其一，因为它在我以前写的书中，获得的读者最多。其二，因为这本书更加深远的意义在于，有机地整合了我自己之前分别作为主题进行研究的“资本主义论”和“公司论”。结果，我的研究有了更大的范围。就像我在单行本的“后记”中所述，这得益于担任本书编辑的平凡社西田裕一先生的引导。在这里对他再次表示感谢。

我现在正在同时研究几个课题，其中直接延续本书的课题是对公司收购的研究。其成果之一是 2008 年刊行的《M&A 国富论》(与东京财团的佐藤孝弘合著，PRESIDENT 社)。我界定了公司收购是经营者的选拔场，并在该书所示的公司双层构造论的基础上，提议要有加入选择优秀经营者所需动机的收购规则。这是我有生以来第一次进行的具体政策提案。

再一个延续本书的研究是关于“信任”。之前，所谓的公司治理理论的出发点被认为是把公司的经营者视作股东的代理人。但是，这等同了股东主权论，是在法理上把企业和公司混为一谈的谬误。结果就会出现安然事件，美国经营者就会得到过剩报酬，这成为这次全球经济危机的原因之一。对此，我在本书中表示过，公司的经营者是从作为法人的公司那里接受信任的信托受托人，并就此对新的公司治理理论展开了讨论。这四五年来，我都在不断尝试构建公司和经营者的关系、患者和医生的关系、孩子和监护人的关系等全体信任关系相关的一般理论，最近终于完成了一篇面向经济学家的论文。信任论是法学和伦理学的公地。我的秘密意图是撰写以信任论为基础的市民社会论，现在依然处于暗自摸索的阶段。

如“致平凡社文库版之前序”所述，这次全球经济危机在根本上对公司只属于股东的股东主权论提出了质疑。实际上，在股东主权论的背后，存在着融资理论的“有效市场假说”：由股票市场决定的股价应该能正确反映出公司产生的经济价值。而在这个假说的背后，还存在着“新古典派经济学”的基本思想：姑且不论是否全面信赖于市场这双“看不见的手”的作用，反正市场越是覆盖全世界，资本主义的效率性和稳定性也会越高。开始于20世纪70年代后半叶的全球化，正是这个基本思想的“宏大试验”。并且这个宏大试验由于危机的爆发而宣告失败。就像我在《不均衡动力学》和《货币论》中反复论述的那样，越是市场化，资本主义就越有效，也越不稳定。在这个意义上来说，我无意中确认了效率性和稳定性处于二律背反的命运之下。我通过《未来的公司》这本书整合了“资本主义论”和“公司论”，然而在写这个“致平凡社文库版之后记”时，我也开始梦想着，如果有时间，再去写纳入“不均衡动力学”和“货币论”的、结构更加宏伟的“资本主义论”。

衷心希望这本书，成为更多人去思考“未来的公司是什么样”这个问题的契机。

2009 年 8 月 12 日